贝克知识丛书

Wirtschaftsgeschichte der Antike

古代经济史

Michael Sommer

[德] 米夏埃尔·佐默尔 著

汤习敏 译

上海三联书店

目　录

中文版序

　　亚历山大大帝的统治让世界历史开启了一个全新的时代。发生在亚欧大陆西部的事件，开始对整个东方产生影响。我们西方所说的"希腊化时代"，与中国古代的西汉时期大约在同一阶段。对于经济史学家而言，这一时期可谓是世界历史真正的轴心时代。与存在主义哲学家卡尔·雅斯贝尔斯将公元前800年到公元前200年称为人类文明的"轴心时代"不同，从"希腊化时代"开始形成的全世界人民之间的相互依存关系不仅能被设想出来，还能通过具体的事例得以证实，如受地中海地区社会活力的推动，西汉时期的中国进行如原工业化时期那种模式的丝绸生产。

　　依照笔者的专业知识，这本小书仅能呈现哥伦布发现美洲之前亚欧大陆辉煌的人们之间的相互依存史的一小部分。如果专注于对古代近东和所谓的古典时代的探究，那么，被称为第一次全球化的整个过程，还有很多部分未受到足够的重视：从印度河流域和长江流域的河谷文明开始，直到公元 1400 年前后航海家郑和远航。不过中国的读者也许恰好对这一部分感兴趣：正如欧洲和北美的人们逐渐学到的那样，拓宽对远西①的经济史视角，将南亚和东亚视为亚欧体系的一部分，将印度洋视为国际交流的大型中转站。

本书向人们展现了一个崭新的轴心时代，这个时代将远东和远西联系在了一起。倘若本书能让生活在东方和西方的人对彼此的地域更为好奇和有兴趣，那便是作者的一大收获。本书献给我们的英国、中国的朋友们：弗朗丝、海伦和薇。

---

① 作者从中国读者的视角出发，对应"远东"（以欧洲为中心）一词形成"远西"（以中国为中心）一词。

前　言

经济领域并不比条顿堡森林战役残酷少。

　　有什么比弗里德里希·迪伦马特的这句话，能更好地激励一位古史学家对本书潜心研读呢？这位瑞士作家曾在 2009 年这个周年纪念年①撰写了一本有关条顿堡森林战役的阿米尼乌斯②的书。在语言学和文化学的各种"转向"的影响下，大力撰写经济史的相关内容开始流行起来。能证实这一点的，不仅有"牛津罗马经济研

---

　　① 条顿堡森林战役发生在公元 9 年，2009 年为该战役发生两千周年。

　　② 阿米尼乌斯（Arminius），在条顿堡森林战役中召集并指挥日耳曼各部落伏击罗马人，使日耳曼人摆脱罗马人的统治，被视为日耳曼民族的英雄。

究项目"(OxREP)和"剑桥希腊-罗马世界经济史"(2007)这样有各国参与的大型项目，还有在德语区出现的对各种导论和概述的阐述，尤其是我不久前与多罗特娅·罗德一起在比勒菲尔德大学和奥尔登堡大学开设的集中研讨课。

当今我们生活在一个人们时常谈论经济、更多地谈及危机的时代，本书为我们提供了一个关于远古时代的导向性知识，也展现了那个远古时代中的人们在巨大的经济挑战中的活动。倘若这七章致力于古代经济活动的不同的侧面短评促使我们也思考一下自己如何对待如今的物质世界，那么，笔者便实现了自己的写作目的。

在这里，我要特别感谢亚历山德拉·埃克特、克里斯蒂娜·科基尼亚、多罗特娅·罗德和马格努斯·威德尔，因为他们不吝建议和批评，使我免犯了些许重大错误。此外，我还要向 C.H. 贝克出版社的施特凡·冯·德尔·拉尔和安德烈亚·摩根致以谢意，二位一直极有耐心地负责本书的出版。

米夏埃尔·佐默尔

奥尔登堡，2013 年 3 月

第一章
引论：各种场景

万恶都始于那只生长在善恶树上的苹果，上帝曾禁止他创造的亚当和夏娃采食。可是，这树上的果实真的太诱人：夏娃不仅经受不住诱惑偷吃了禁果，还拿给亚当吃。紧接着惩罚来了，"你既然听从妻子的话，吃了我吩咐过你不能吃的那树上的果子，大地必然会因为你受到诅咒。你必须终生经受劳苦，才能从大地上获得食物。"上帝安置亚当和夏娃的伊甸园里果实满地，人类最初本可以尽享上帝赐予他们的丰足生活，可现在他们的造物主却对亚当说："你必汗流满面才得以糊口，直到你归入土中，因为你是出于土里的。"于是上帝将人类驱逐出伊甸园，死亡和劳苦随之来到尘世（《创世记》

3：17 和 19）。

危机与经济周期

想写古代经济史的人，确实得从亚当和夏娃开始说起。尽管这一插曲会融入各种神学、心理学方面的解释，但从历史学家的角度来看，首先应着手于对"黄金时代"的一种描述，正如所熟知的古代世界那样。最早出现的是赫西俄德用希腊语记载的一个有关"黄金时代"的神话，那个时代的人曾在宙斯的父亲克洛诺斯的统治下无忧无虑地生活，不用劳作，也没有饥荒。"黄金时代"之后出现"白银时代"，此后是"英雄时代"，继而是现在的"黑铁时代"："完全堕落，诸神还强加于他们沉重的忧虑"（赫西俄德，《工作与时日》第176 行）。随着人类在每一个发展阶段的不断衰退，他们的生活日益艰难而无趣，道德也更趋败坏。赫西俄德还预测出更糟糕的未来：宙斯将毁灭人类，"人类将陷入悲惨的忧郁之中，面临不幸而无处求助"（同上，第 200—201 行）。

后来，希腊哲学家开始以各种形式来研究这个神话。遥远的过去始终被赋予一种原始的理想状态，现代则被

2

解释为一个具有较长衰败过程的产物，但衰败之后可以再生。大多数学说给这一神话增添了循环的成分，如生活在公元前 5 世纪的（在苏格拉底之前的）古希腊哲学家恩培多克勒认为，人类起初在和平、爱与和谐（厄洛斯）中生活，直至不和和争执（厄里斯），以和睦终结。与后来的柏拉图和亚里士多德一样，恩培多克勒认为，他所在的那个时代的人类境遇一直每况愈下："厄里斯"不断蔓延，势力达到极盛，随后回归"厄洛斯"。

很明显，古代人对他们那个时代的发展前景的感知，和我们今天的截然不同，现代生活已深深打上了工业时代的增长法则和进步法则的烙印。"我们的子孙应过得更好"，这是数百年来工业社会的信条。工艺的进步和人们不断提高的生活水平被视为（或者说直到不久前被视为）人类状况（conditio humana）无可选择的前提。自从中世纪法兰西岛开始实施土地垦殖和集约农业以来，在欧洲，几乎每一代都比上一代过得更好，人们的生活仅仅被偶尔发生的经济衰退、瘟疫和战争所困扰。可以说西方的历史是一个前所未有的成功的神话，当然它在未来永远延续这种状况也是我们所期盼的。

当然，一个具有进步观念的社会，若出现了有违其积极发展的事件，定会对社会造成极大的影响，经济萧条甚至是经济衰退都会给其带来灾难。1873 年的"股市崩盘"、从 1929 年开始的经济不景气以及 1973 年与 1979 年伴随着德国经济奇迹而结束的两次油价暴涨，都深深地刻印在所有人的记忆中。如今，不知所措的人们仿佛被吓呆了，他们总是密切关注着经济与金融编辑们几乎以秒的节奏"轰炸"给公众们的连串噩耗。我们萌生了（并非从欧元危机和银行危机才开始）一种几近病态的危机意识，其表现形式是股市行情和贷款利率。

古代人不了解这种危机意识，因为这与古代人的世界观相悖。人们也许曾有过不妙的感觉，也肯定有过力图加以改善的各种尝试。务实的尝试会将一个陷入经济窘境的社会重新纳入正常的发展轨迹，其典范当数色诺芬在公元前 355（或公元前 354）年写的《雅典的收入》一文。在该文中，作者着力探讨雅典这座城邦在盟邦战争（公元前 357—前 355）失败和丧失海上霸权之后是如何保持繁荣的。他极其切实地分析，如何将雅典的资源，尤其是雅典人民的潜能更有效地利用起来。色诺芬辩称，雅典人民如果刺激了贸易，从法律上更好地对待那些当时被歧视为寄居者、已在雅典定居的非雅典人，且完成经济基础设施的各项投资，那么，这就不仅仅能弥补诸项损失，也会带动更多的公共资金流入经济领域，并使国家在经济领域中充当一个更加积极的角色。

这篇文章分析得很中肯，甚至会让人觉得是现代人的作品。色诺芬冷静地以"是否有用"为考量准则，以便给雅典指出一条明路，让其摆脱危机。当然，这座城市的经济危机和金融危机具有一个政治上的起因：在盟邦战争中的失败。通过国内资源补偿外交政策上丧失的优势，这个想法很容易让人理解。色诺芬的《雅典的收入》以它的简洁与丰富性，在古代文学中独树一帜：那时候可能出现的经济理论通常都是与国家预算有关的企业管理学。由于人们往往把较大的社会困境——经济上的诸多问题也归于其中——将它视为人类道德的弊病，于是国民经济思维就显得很稀缺。

当我们谈起古代的危机时，我们用以衡量的是现代的而非古代的标准。而且"Krise"（危机）一词源于一个希腊单词"krínein"，是辨别或决定之意。一场危机就是一个决定性的局面，是一个转折点，一个往往在发展中有潜在危险的转折点。古代社会经历着这种危机，而且诸经济因素往往也在其中。产生危机的原因与其表现形式可谓形形色色，适应性危机使得社会的秩序趋于混乱，在公元前 600 年前后希腊古文化期的早期城邦中，以及约公元前 200 年起罗马共和国在意大利以外的扩张之初,这种社会混乱曾十分引人注目。社会差距两度加大,越来越多的财富集中到越来越少数人的手中,而广大群众的生活则陷入贫困中。一场政治危机发展成古罗马帝国的财政危机和正统性危机,同时还严重地殃及部分经济领域。这场政治危机是罗马帝国在公元 3 世纪度过的那段不平静期,即所谓的士兵皇帝时代。多因素的体制危机两次变成(与古代世界的地理层面相称)全球性的灾难场景:一次是在青铜时代(约公元前 1200 年)结束之时,伴随有从迈锡尼、哈提到亚述的大型宫殿中心的消逝;另一次是在古典时代结束之时,伴随有西罗马帝国的覆灭。古代人民也饱受经济危机之苦:周围高原上的树木被伐光,严重妨碍了山岭的吸水能力,后来,拉齐奥区南部原本肥沃的彭甸平原自公元前 5 世纪起变为沼泽。在美索不达米亚,数百年的灌溉农业因耕地不断盐碱化留下它的痕迹;在早王朝时期(约公元前 3100—前 2686 年),土地盐碱化就已经迫使部分农民逃到城市中来,城市面积因而迅速扩大。

不过人们对解决问题的各种尝试,仅限于不断甩掉各种症候。在雅典,梭伦作为仲裁者(整顿者)于公元前 6 世纪初实施了一种普遍的解负令(债务免除命令),

它充其量只能延缓不断加剧的社会分裂，而这种社会分裂直接通向庇西特拉图的僭主政治。在社会—经济变迁的背景下，一部被同时代认为是迈加拉的泰奥格尼斯所写的抒情诗引文集，控诉了新发迹的暴发户青云直上，且不断强调要求回归传统的贵族价值观。同样地，以色列先知阿摩司谴责（时间上几乎与上述同步）同时代人的贪欲，这种贪欲压迫着无数教友，使其丧失自由，负债为奴。阿摩司建议（对于先知而言有点儿感到意外）人们改过自新，回归到最终让以色列摆脱埃及奴役的上帝这里来。在台伯河畔进行的原因调查，其情形也好不了多少：公元 300 年前后，当罗马帝国的商品价格猛涨时，台伯河畔的皇帝们所能想到的应对办法莫过于通过政令控制其最高价格。

借助较高势力让已经紊乱的秩序又恢复了正常，这样的尝试会使人感到更加离谱。公元 250 年，德西乌斯皇帝通过敕令强迫所有臣民献祭，由此间接地引发了迫害基督徒的第一次浪潮。事实上，这一措施并非明确针对基督徒，而是一次试图使众神对罗马产生好感的尝试。罗马人曾经由于没有献祭品使祭坛总是空着而激怒过众神，这一状况导致了该措施出台的背景，首先是由日耳曼人和萨珊人所引起的紧迫的军事威胁，不过，长期的财政危机也可能曾是当时社会的弊病。德西乌斯和他的很多继任者所采取的措施很明确：如果要让罗马摆脱公元3世纪的动乱，重建大业，就必须赢得众神的好感。

而战争的另一方也被误以为有超凡的力量参与其中并加强了戒备。公元3世纪中期，迦太基的主教居普良在《致底米丢安（3）》[*Ad Demetrianum (3)*] 一文中断言，矿山枯竭，采石场无所产出；经济萧条，道德无存，"田野中没有农夫，海上没有海员，兵营中没有士兵，广场上没有真诚，法庭上缺乏正义"。当然，这一场景，读起来让人感觉宛若一场严重的经济和社会危机，事实上却只源于，人们确信世界末日就在眼前，随之而来的是上帝统治下的国家。150年之后，奥古斯丁也这样解释哥特人将罗马洗劫一空事件：对于他而言，哥特人的劫掠归根结底只在他们所活动的范围内有深远意义，即罗马的衰亡预示着真正的公民权和神权政体即将到来。像居普良一样，奥古斯丁认为，传统—古代方式的悲观衰亡学说是与千禧年主义的救赎期待联系在一起的，这种救赎期待将灾难做了新的解释，它预示着人们愉快地期待世界末日。

用现代的眼光看起来显得古怪的东西，在一个让人们误以为充满神秘力量，甚至误以为末日即将到来的世界，一定是合情合理的。比分析危机因素和务实的应对诸因素这些更重要的，是与神灵好好相处。即便是戴克里先，也在他那有关最高价格敕令的冗长序言中，称自己受众神委托来伸张正义。总之，古代的这些政治领导人是没有经济贤人辅佐的。经济作为一门超过经验总和的科学，在当时还尚不存在。

但愿这些例子有助于大家理解，支配古代近东、希腊和罗马等地的人们进行经济交易的那些行为，与现代人的思维方式差别有多大！与此相反，当代经济是一门与理论模型以及数学的量化方法相辅相成的科学。尽管危机无法被准确地预言并被适时阻止，但人们有可能对它们进行深入分析，并在有利的情况下将它们减弱。实际上，悖论已经足够多：和古代哲学家们类似，现代的经济学家们也对问题进行了反复的思考。国民经济经历了上升与衰退的阶段，其间经济发展有短期的繁荣，而且总会有低谷，只是市场经济发展的周期所遵循的节奏，要比恩培多克勒或亚里士多德所说的"时代"快得多。借助众多变量和参数，人们可以衡量出当下国民经济的状况及其发展规律。

那古代呢？这些数据参数没有一点儿适合古典时代的雅典或者帝国时期的罗马。这不仅仅是因为时间相隔太远使得很多信息无从得知，也由于古代大多数学者对家庭经济以外的相关经济问题明显不感兴趣。因此，我们需要探寻的是，将现代国民经济学的所有方法运用于前现代社会究竟能走多远。当代的国民经济学理论大多倾向于所谓的新古典经济学，经济人（homo oeconomicus）是这一理论的中心：这位在经济角度思考着和行动着的人，只是有目的、有理性地做出自己的决定，全心地谋求自己的利益。

论　争

工业革命标志着一个创造出这个经济人的根本重大转折。以完全不同的标准衡量的，不正是古代经济吗？整整一百年以来，人们围绕这个问题进行着一场辩论，尽管到目前为止这场辩论有了新的内容，但其实质依然是关涉与"现代性"相关的问题。曾在莱比锡授课的国民经济学家卡尔·布赫（1847—1930年）出版了一本由多次学术总结而成的代表作《1893年国民经济的产生》。书中他着手研究了由卡尔·罗德贝图斯（1805—1875年）创造的"家庭经济"概念，完全否认了大多数人所默认的古代经济的现代性。布赫认为，古希腊罗马经济主要的适用范围是自我满足的家庭①，它的基础是农业自给自足的经济。商业、手工业和市场导向则只是家庭经济的边际现象："没有国民经济的分工，就没有职业等级，没有企业，就没有仅以获利为目的的基于财产存储意义上的资本。"布赫继续推断，数世纪之后，经过中世纪的城市经济这个过渡阶段，现代国民经济和一种始终以市场为导向的经济生活才得以开展。

全球享有盛誉的古史学家、哈勒的教席教授爱德华·迈尔（1855—1930 年）针对布赫的阶段式构想进行了雄辩。对于迈尔而言，古代经济与他所生活的时代的经济实践并没有根本的不同。他希望古代经济不单单被理解为简单的家庭经济，而是一种"就其本性而言绝对是现代的文化"的表达。古代经济自公元 3 世纪起便"内部瓦解"，才使地中海地区回到简单的原始状态。迈尔从古代近东跨越到古希腊罗马晚期的概述，首次系统地描绘出了一幅有关古代经济的蓝图，他也大胆地借用同时代经济学的概念进行表述：罗马的"国民财富"不断增长，"大资本"和"无产阶级"之间的差距越来越大。

迈尔和布赫不仅得出了相反的结论，且他们的前提

---

① 原文为"Haushalt"，指的是家户层面的家庭，对应英语"household"，而不是"family"。

和方法也完全不同。布赫会用推论以阐述自己的想法，并采用理论的模式；迈尔则不同，作为行家，他能从一个丰富的原始资料库中取材。布赫勾勒出家庭经济—城市经济—国民经济三阶段的顺序，并以此为出发点；迈尔则相信，仅从原始资料库中便能重构古代经济的轮廓。布赫的依据是文学，同时也依据希腊哲学和完全保守的经济伦理学；迈尔则用事实所具备的、假定是无可辩驳的证明力来反驳他。

当然，考古研究极大地增加了我们对过去 100 年间经济参数的了解。自布赫和迈尔开始，方法和问题意识其实只有些许改变，但在相同的问题上，研究人士仍然可谓仁者见仁，智者见智。就这样，这条延续性的线路从迈尔的对原始数据持乐观主义开始一直前行，直到牛津大学的"罗马经济项目"产生，它自 2005 年起汇编了"物质和文本方面的全部可计量证明"。同样地，在耶鲁任教的俄罗斯裔古史学家米夏埃尔·罗斯托夫泽夫（1870—1952 年）的罗马（1926 年）与希腊化（1941 年）世界的社会与经济史中，具有他搜集的大量有关古代世界的各种资料——其中还有对古代文稿抄本研究、碑铭学以及考古学的资料。

所有这些尝试性的内容，对理论模型的怀疑都是相同的。"现代派们"认为，理解古代经济的关键在于材料，并指出，他们的发现似乎以有力的证据证明，古人和我们今天一样以经济理论为首要原则。他们误认为，若没有深入分析现代经济学概念背后的构想与理论，并将这些概念应用到前现代社会，就有可能在循环论证中感到迷惑。有一个很好的例子便是，"资本"这个概念在现代的、国民经济的含义中被用来表示所有生产资料的总和。如果人们只是悄悄地将这个资本构想作为古代的基础，而不考虑同时代的人对他们所投资的财富持什么看法，那么，人们确实会随处遇到资本问题。以这种方式着手会存在一定的风险，即所得的结论恰好就是这种方式本身所包含的基本假设所预料到的。

然而，正是这不多的、能对构想古代经济给予启发的原始资料，却被"现代派们"所摒弃：被视为与"实践"不符的"理论"，就像迈尔所断言的那样。他们默认，希腊—罗马的国家哲学那种反对追求利润的基本倾向，反映了一种少数派的观点——对于实际的经济运行是无关紧要的。毫无疑问，生产能力、企业大小、工艺、资金循环以及贸易额这些都是重要的参数，它们有助于描绘经济进程，甚至还有助于解释这些进程。但是，要想理解一个包含经济活动在内的社会，就只有参与到社会这个自身的概念式思考中来。

这是第二个直接遵循马克斯·韦伯传统的了解社会科学：《原始主义者》，它的主要代表是匈牙利政治经济学家卡尔·波兰尼（1886—1964年）和美国古史学家摩西·芬利（1912—1986年）。波兰尼一再强调，如果情况确实如此，那么经济在现代社会中只是一个独立的社会"子系统"。"经济的"这个概念因而有两个意义：行动可以是经济的，这一行动旨在用有限的资源理性地对波兰尼所说的"经济"这个概念的"形式"含义进行精析。这一概念还可以针对人类的"物质需求的满足"，这时指的便是物资的供给——波兰尼将其称之为"实质"。像波兰尼这样的原始主义者承认，除了物质上的利润最大化，还存在着其他的的力量控制个体的经济行为。

即便是当今，处于支配地位的也不仅仅是经济的理性形式，也不仅仅是市场；"可计算性"（正像马克斯·韦伯所定义的那样）以及在所有生活领域都有所节俭，这些是现代经济实践的根本特征。这些根本特征自中世纪晚期起逐渐地、自工业革命起进一步加强开始控制人类的经济行动，这并不排除古希腊罗马或中世纪的实干家们也会经济地、理性地行事。不过，波兰尼声称，前现代的经济比当今经济更有力地"嵌入"到无数非经济的体制——社会准则和实施方法的总规则手册当中，对人类的行动（还有经济行为）起着决定性的影响。

毫无疑问，正如波兰尼所说，经济不可能凭空存在，而是与人类行动的其他领域产生联系，与给人类行动预设框架的各种体制产生联系。这个定律不仅仅适用于前现代社会，因此它的嵌入范畴太僵化了。对这一定律的严格遵守，使得波兰尼和原始主义者们对那些违背他们模式的古代实干家的经济决策视而不见：正如人们所看到的那样，古代很可能了解市场，甚至有通过市场金融活动来担负自身生计的社会，如腓尼基人的社会。

被历史学家和古代文化研究学家们广为接受的、诺贝尔经济学奖得主道格拉斯·诺斯的新制度经济学，为这一两难境地指出了一条明路。诺斯完全赞同新古典经济学的假设，即人类面临选择时会做出理性决定。但是，他在某种程度上又放弃了这个纯粹的学说，因为他引入了被新古典经济学者们有意忽视的人类的机构环境作为第二个因素。诺斯写道，"机构充当着外部框架，人类在这一框架内活动并相互影响着。"因此，古代经济史也在这些机构中，而不是完全在看起来很有说服力的数据和事实当中，找寻被理解的途径。

长期的古代—短期的古代

远古时代——对于绝大多数人而言指的是希腊和罗马，或者更确切地说，是以希腊和拉丁为源头引发出来的历史时代的总和。它始于公元前 700 年前后希腊的上古时期，选择性地结束于公元 5、6 或 7 世纪：结束于西罗马的灭亡(公元 476 年)，查士丁尼一世的逝世(公元 565 年)或穆罕默德逝世（公元 632 年）后伊斯兰教扩张的开始。很明显，这样划分对于一部经济史而言并没有什么意义：第一，大部分原始资料都不是文学的，而是材料的形式；第二，这些进程使公元 2 世纪的经济生活（那时地中海地区的一体化在罗马军团的鹰旗下达到了顶点）在时间和地理上都远超"古典的古代"这一概念所表示的、历史连续性中的那一片段。

因此，本书需要另一种古代的概念，其叙述的是个跨度非常大的时期，即从近 11000 年以前人类在西亚地区开始定居，直至西罗马在公元 5 世纪灭亡："长期的古代"。它包括新石器时代、含埃及在内的青铜时代与古代近东的铁器时代，自然同样包括腓尼基—迦太基的地中海文明，如希腊和罗马这样的典型的文明中心。古代曾受区隔的（segmentär）①乡村社会的影响长达数千年之久，在西亚地区，这些乡村社会慢慢地发展为城市，又由城市发展为帝国，由此形成一个地方性的体系。另一个地方性体系——地中海区域，尽管在青铜时代就与西亚有着经济上的联系——自铁器时代起这种联系又变得松散，但是，这个地方性体系在政治上却是支离破碎的。

亚历山大远征西亚开创了一次时代的更迭，远征让两个体系在政治上、经济上、文化上以及当地居民地理的经验视界上紧密相连。首先是局部在地处东部的、希腊化的领土意义上的君主国和地处西部的迦太基结束了碎片化，最后彻底地在罗马结束其碎片化。罗马使包括西亚西部和西欧在内的整个地中海地区统一在它的管治下，将其变为一个彼此密切影响的区域。另外一个区域内相互之间的影响则没那么密切，但是面积更大，包括扩大了的地中海地区、非洲东北、阿拉伯半岛、伊朗、中亚和印度，涉及已知的世界——同时代的人称之为"人居领地"②——公元前约 300 年到公元 300 年的这

---

① 有译为"裂变的""分群的"和"分支的"。

② 有译为"有人居住的世界"。

段时间，形成了一个堪比现代全球化进程的环境，这一时间段在下文中被称为"短期的古代"。

本书无法用这 100 多页的篇幅给古代的经济史提供一个百科全书式的概况，而是意在通过七篇短论为人们引入观察古代经济生活的精选视角，首先指向长期的古代：本书以延时摄影和广角视野的方式，解释了一系列的"革命"如何逐渐创造出产生城市和帝国——古代伟大的集体实干家——的先决条件（第二章）。历史在不断的"互联"中延续，这种"互联"逐渐发展出短期古代人的居领地（第三章），其"主角"有与希腊人同时代以及时间上早于希腊人的腓尼基人，他们用远程贸易建立起彼此之间的局部贸易网，这是让人居领地得以形成的前提。

之后所有章节的时间范围便不再是"长期的古代"，而主要是"短期的古代"。在一个几乎还未机械化的世界，"劳动"创设的前提比今天还多：通过农业、手工业和自然资源的开发，人类从大自然中获得了生存的基础（第四章）。诺斯所说的、人类做出每项决定时所充当背景的"机构"，包括国家和法律，包括家庭、婚姻和价值观念，自然也包括市场（第五章）。除了劳动和机构，"资本"因素也决定着经济制度的效率。如果认真对待人类理性的决定行为，那就得考虑非物质资本——教育、影响、名誉的重要性，它们在所有时代都非常重要，在古代可能尤为重要（第六章）。"结束语"（第七章）重新提出古代经济世界与人类学的相似与不同的问题，以及人们赚钱的目的与意义。

本书所阐述的发现之旅沿着一条条轴线前行，在这些轴线之间还存有很多无法确定的问题。古代的奴隶制度，在马克思看来，影响了整个时代的面貌，但就其重要性而言，本书却对它的论述过于简短。对于像家庭、婚姻和性别这样的因素也存在着同样的问题，适当详尽地讨论古代的经济伦理学——正如在哲学中它会首先被概述一样，将会很轻松地完成本书；不过本书对古代近东，特别是埃及的探讨，在有些狂热爱好者看来可能会显得太过粗略。但是，针对所有列出的主题，均有众多专业文献可供使用，读者可以此作为借鉴。

第二章
革　命

　　谈到革命，人们会把它们和那些如火山爆发式的、转瞬即逝的事件联系在一起。不过，有些革命却是以延时摄影的形式展开着，因此它的影响力并不小。所谓的新石器革命在公元前 9000 年前后的新月沃土开始——当时已是末次冰期晚期，全世界的气候明显变暖，在某些地方，如亚马孙平原至今依然在持续。从种植原始的谷物种类直到发现铁器工艺，即便是数千年之后回头看，其发展进程也是长路漫漫。如果没有冶金和农业之外的那些划时代的工艺革新（只需列举一二：制陶、文字、航海与造船），古希腊和罗马，还有埃及、美索不达米亚和古代其他文明中心——从波斯到印度、中国，直到古代美洲，其状况都将让人无从想象。

新石器革命

我们的历史始于一场革命——这场革命分成若干个阶段进行，澳大利亚考古学家维尔·戈登·柴尔德（1892—1957年）将其称为"新石器时代革命"。在柴尔德看来，只有18、19世纪欧洲的工业革命在其影响上能与西亚地区于公元前9000年前后到来的农业定居生活相提并论。像其他地方一样，在这里生存的人类也是靠狩猎、捕鱼、采集果实与植物勉强维持他们的生活——智人（Homo sapiens）从大约16万年前开始出现，也以这种方式维持生命。时代向全新世（Holozän）过渡时，气候变暖的地区也波及近东。借助气候变暖，考古学家意外地在亚洲西部山区中发现了一些即便不算长久定居却也经常居住的宿营地。由于这些宿营地每年都有足够的食源能供人们维持数月生活，人们便不只在这里偶尔停留。这种宿营地几乎都位于各个生态空间流域：因为从这里出发，人类能获取到在不同季节出产的各种营养源，于是，在这里定居的人类不得不冒生活上的风险。人类已经自己种植了一部分粮食，同时，他们还能在需要时不断地通过狩猎与采集改善自己的食源。

对于最早的定居阶段（所谓的前陶新石器时代 A 期，PPNA），仅有少量的考古发现，比如在位于死海东南约旦的贝达和现在的迪亚巴克尔附近的安纳托利亚的卡永讷。两个居住点都位于生态学上结构明晰的区域中心，在这里居住的人们容易获取到各种资源。在贝达，建筑物都是由平整的石头建造，高度大都一致——仅有一幢房子那般高；在卡永讷，家畜饲养在考古发现中显得格外突出。

为了改善饮食基础，新石器时代早期的居民愿意投入大量的精力。来自当今叙利亚、幼发拉底河畔的姆列比特遗址的考古发现就说明了这一点。一个前新石器时代的宿营地，地处两个生态空间（荒漠草原和草原）和与此对应的多样化资源的所在流域，在遗址这里发展成为一个人们常住的聚居点，当时这里的居民们还是以狩猎、捕鱼和采集食物为生。往前陶新石器时代 B 期（PPNB，大约从公元前 7500 年起）过渡时，采集植物与果实随即突然退居次要地位，谷物成为人们主要的粮食供给。由于姆列比特周围野生庄稼并不生长，居民们便将生长在北面大约 100 千米远的野生庄稼的种子带回家自己播种。

出自前陶新石器时代 B 期（PPNB）和陶器新石器

时代（PN，大约从公元前 5500 年起）的大量考古发现，
均隐藏在伊朗的扎格罗斯山脉，那里的各个聚居点也始
终分布在生态区域的交叉点上。人们在夸尔内罗斯塔姆
考古挖掘点发现的石制工具证明了居民曾从事过农业生
产活动，而且它们也在前陶新石器时代以类似的形式被
使用：碾磨、研钵、碾槌、各种刀具——所有这些都用
于捣碎和加工食物，证明了在这里生活的人们居家的和
定居的生活状况。

　　流行起来的制陶业还给考古学家们另一个提示：扎
格罗斯山脉中的那些聚居点，尽管在空间上的距离较近，
却明显地彼此隔绝、自行发展——这里的人们制造出
来的器物风格也大相径庭。看来，自公元前 10000 年起
席卷近东的并非为一场巨大的“新石器革命”，更应说
是一系列局部的突破。如果对位于扎格罗斯山脉的聚居
点加以研究便会发现，根本找不到任何迹象，表明这里
曾有过如大范围的交流或是等级制的移居制度这样的
事，人们好像还没有提出这片土地归自己所有。总的来
说，在陶器新石器时代，战争还未明显出现。

　　不过却有其他的问题困扰着已在这里定居的人们：
为了能依靠田地所得而生存，他们必须提高植物的收成。
要实现这一点，只有对野生庄稼进行改良——在实践

中这是一个无尽漫长的改良和筛选的过程，通过这一过程，我们的谷物品种便得以逐渐产生。此外，人们还需将食物贮藏起来，使其保存到除了收获季节之外的时候，以供自己食用。为了实现这一目的，同时也为了烹调菜肴，陶器成了人们必备的工具——常被置于住处地下的储藏器皿，证实了早期的农民为竭力避免遭逢食物紧缺而采取预防措施。

畜牧业也是人们预防食物紧缺的一种措施，它与庄稼种植业同时开始。通过育种，新的品种又得以产生，人们因此获得了更高的收成。季节性的牧场变更也预示着效益的继续提高：春天，牧人把他们的牲畜赶到降水丰富的山区，那里生长有足够的植物供牧群度过旱季；秋天，他们又踏上撤回肥沃平原的路。这样一来，逐渐产生了与定居耕作共生的一种特殊的游牧方式：季节性的牧场变更，也就是牲畜季节性的迁移。这些在有限区域内活动、与现代贝都因人不可能混淆的季节性迁移的畜牧人，从那时起便成为近东政治经济学中的一个必不可少的要素。

城市化

猎人和食物采集者不断发展成农民定居下来，使得这里的人口总数也随即上升。产量更高的谷物种类和更好的储备方法，都对公元前10000年到公元前8000年的西亚地区人口密度的显著增加产生了巨大的影响：不仅仅是移居密度增加，移居面积也很快达到可观的水平。最能说明这一点的有巴勒斯坦的杰里科、安纳托利亚南部的恰塔尔霍伊科和伊拉克北部的乌姆达巴吉亚的大型聚居点。在恰塔尔霍伊科，英国考古学家们在20世纪60年代，以及一个英美团队自1995年以来都勘察到一个房屋盖得很紧密、面积达440平方米的地区，这一地区从约公元前7400年到公元前6200年在好几个移居阶段都曾得到使用。由于缺少道路和街道，人们只能从每间房屋的屋顶出入，所有房子的高度都差不多，这不由得让人们质疑当时的房屋从垂直结构上几乎无法区分。在恰塔尔霍伊科生活的人们以早期的谷物品种为生，如二粒小麦、单粒小麦和裸大麦，除此之外还以荚果和畜牧为生。据估计，恰塔尔霍伊科至少容纳有2500人，是一个相当大的聚居点。

与以狩猎和采集食物为生，或是与新石器时代早期的宿营地相比，在一个这样的聚居点生活会舒适得多。较为富足的生活也反映在一种绝然不同的物质文化中，这种文化呈现在大量用石头和陶土制成的男性和女性的小雕像上。但是，对于居民而言，巨大的人口密度也隐藏着其他的风险：传染性疾病能够不受阻碍地传播，夺去许多年轻人的生命；与早期新石器时代的人的分散居住相比，一个大型聚居点的居民能够更加毫无防备地经受像歉收这样的变动，而且集中化的富足尤其容易唤起妒忌的附近居民们的贪欲。

生活在富裕聚居点的人接受了良好的建议，得以保护自己免受外敌侵犯，甚至还能免受大自然强力的伤害，杰里科附近的泰勒苏丹的聚居点便证实了这一点。这个聚居点可以追溯到公元前 10000 年，它在公元前 8500 年前后被一面天然的石墙所环绕，石墙高 3.6 米，底脚处厚达 1.8 米。为了加固石墙，这里还建有一座超过 3.6 米高的塔，塔内带有一个楼梯间。在泰勒苏丹大概曾居住有数以百计的人，他们为这一规划的修建投入了大量的财力和物力。

农业、畜牧业、制陶业和大型聚居点，这些并非新石器时代带给近东的仅有革新。物资遍布各地的情况也首次在考古发现中留下了痕迹：由黑曜岩（一种火山岩玻璃）做成的各种工具在整个新石器时代的分布迅速增多，这种火山岩蕴藏在位于卡帕多西亚和安纳托利亚东部的托罗斯山区（在当今宾格尔城区）当中。各种工具——后来连所有的容器都由黑曜岩制成，在更新世后期，从安纳托利亚直至当今的黎巴嫩地区都在使用黑曜岩。随着新石器时代的开始，交换明显地越来越对等，黑曜岩散布的区域也明显增大，直至后来，接近公元前6500年时，一张密布的运输线路网遍布整个安纳托利亚东南部，从扎格罗斯地区到伊朗，从黎凡特①到死海，塞浦路斯也有来自托罗斯的黑曜岩。

　　关于如何组织黑曜岩的远程贸易以及从事这些贸易的人有何动机，考古所发现的信息都非常少。不过，这个稀缺原料的流通急剧加快，完全适应在新石器时代化进程中变得错综复杂的社会的各种需求：人们首先通过选择有利的宿营地，来摆脱自己生活居无定所的状况。依靠节约开支，人口得以迅速增长，但各种资源却面临枯竭，这些促使猎人和食物采集者们通过种植自行生产食物。新石器时代的社会逐渐能从职能上，也从等级上加以区分，较大的聚居点以及像制陶这样的工艺为此创造了前提条件。人们想要拥有私有财产的念头几乎还没有产生，这时也出现了富人明显地与其他人的意愿不同。由于那些奢侈品并非人人都能享有，因此拥有它们正好能展现出这种贫富差距，于是人人都渴望得到它们。

---

　　① 地中海东部诸国家和岛屿。

公元前 5500 年前后，考古学上稍大一点的"文化"轮廓首次呈现在西亚地区，由于拥有相同的陶器和居家模型的存货清单，这些"文化"超越了地域，引人注目。在叙利亚，伴随着哈拉夫文化；在美索不达米亚北部，伴随着萨马拉文化和哈苏纳文化；在伊朗，在所谓的苏西亚那时代晚期——等级制的多级聚居点体系产生。在这些制度当中，某些大型聚居点明显发挥了中心地点的各项职能，或许还牵制着较小的聚居点。不过这些聚居点本身还不是真正的城市，它们若想成为城市，不仅仅取决于其面积的大小，首先要对自己周边的地区起到"职能过剩"的作用：政治—行政的、经济的、军事的和宗教的。城市居民不再从事农业，而是转向其他的行业领域。在新石器时代晚期的聚居点，这些先决条件都还不具备，虽然人们在区分私人和公共的区域已经有了最初的尝试：生产单位首先而且仍然是（有点像黑暗时代的希腊）单个的、按照亲属标准组建起来的家庭，他们几乎自行生产个人生活所需要的所有物品。

公元前 5000 年前后，伴随着一种新的陶制样式在西亚很多地区的传播，其产生的变化也在欧贝德时期来临，它涉的主要是器皿，这些器皿用环绕的线条、花环和带子装饰，它们的得以传播应归功于陶工旋盘

（Töpferscheibe）——一种让制陶手工业迅速成为专业领地的革新。欧贝德时期得名于巴比伦尼亚的一个考古发掘地，巴比伦尼亚实际上在美索不达米亚南部，在随后的 2000 年当中，这里发生了划时代的变革。美索不达米亚南部没有足够的降水，单靠雨水无法耕作，因此它和北部地区不一样。在最后一个冰河纪之后的极湿润的时期，这里便有了足够的水可供使用，河流和湖泊中的水通过最简单的灌溉渠道便能被引到田地当中。加上美索不达米亚极其肥沃的土壤，灌溉保证了小面积田地上能有高收成，农民们也因此不必过于辛劳。

接近公元前 4000 年中期时，气候明显变得更干燥：沼泽和静水干涸，河流逐渐枯竭。与此同时，更多的居住区可供使用，再加上移民的原因，人口显著增多。田地里的不断干涸是好事，但也是厄运，它使得灌溉这件以往轻易便能实现的事情，成为一项只有人们共同努力才能完成的任务。

在乌鲁克时期（大约公元前 3500—前 3100 年）及随后的杰姆代特奈斯尔时期和早王朝时期（直到公元前 2800 年前后），生态的压力推动着自新石器时代以来最为全面的转变：一场"二次"革命。在这场革命中，世界历史的首个城镇形成了，文字书写、青铜冶金和政权得以出现，都归功于这场革命，还有那些重要的革新——靠着这些革新，人类跨过了石器时代。当然，这次"革命"实际上也是一个漫长的过程，但是这些突破在众多领域汇成了一派繁荣的景象，使得人类就像新石器时代开始那样，再次向前做出巨大的、不可逆转的跨跃。

在公元前 3100 年前后、乌鲁克时期结束之时，与巴比伦尼亚同名的城市位于一个聚居点的体系之首，这个聚居点体系不止有整个美索不达米亚南部。凭借着它那独特的物质文化，这个聚居点体系还蔓延到整个西亚地区，同时包括黎凡特在内。在巴比伦尼亚，很多分散的小型聚居点敌不过少数的后来变得大得多的聚居点，这些较大的聚居点中更大的则赢得了"城市"的称号：人们公认的第一个城市是乌鲁克，它的城区由城墙围绕，在早王朝时期面积已达到 5.5 平方千米。

大型机构

到底有多少人居住在这些城墙内，这可以准确地被推测出来——虽然只是近似准确的人口统计数据，也是有所凭据的。不过毫无疑问的是，与目前已考察到的所有旧一点的聚居点相比，这里曾居住着比想象中更多的人。这些人当中的很多已不再是农民，不再耕种自己的土地，其原因仅在于，他们在乐于革新的乌鲁克时期凭借国家又带来了一项创新，而这项创新将社会整合在了一起。"国家"这一概念原本是一个与时代不吻合的事物：那些可能在公元前 4000 年末仍控制着美索不达米亚各个城市的机构是"私人的"家庭。居其首的可能为神灵，或者也可能是人类。最重要的是，他们有权力强制人们大规模地进行劳动。于是大型建筑物产生了，比如位于乌鲁克中心的圣地埃安那祭祀区和建于公元前 3000 年左右的露台；不过，大型灌溉系统和排水系统现在遍布两河流域南部，这些系统之所以存在，还应归功于这种组织。这些大型机构的工作按计划进行，而且能将劳动力目标明确地用于所需要的地方。若是没有这些大型机构，使巴比伦尼亚的城市居民得以存活下来的下水管道和排水系统绝不可能被建成。

大的家庭的组建很快便成为一种普遍现象：在早王朝时期（约公元前 2900—前 2340 年）的两河流域，平原上布满了由家庭联合会经营的农庄。在苏美尔语中，这样的家庭被称为"é"（"房子"），阿卡德语中的对应词为"bîtum"。城市中大的家庭，要么为众神所有（"神庙"，苏美尔语的 é，后面跟着神的名字），要么为地方的"big men"（"宫殿"，苏美尔语的 é-gal= 大房子）所有。每个城市都会有很多这样的大型机构，它们足够强大，足以将农村生产的大部分盈余筹集起来，分配给"专门人才"——抄写员、祭司、工匠、兵卒和劳作者。实际上，"神庙"和"宫殿"的角色让城市和农村通过再分配在经济上彼此紧紧相连。

大型机构因而成为人们所说的"国家"的萌芽：自阿卡德时代（大约从公元前 2334 年起）以来，国王这个最高权力者的最大"房子"作为建立帝国的出发点不断被重建，一直到迦勒底人建立新巴比伦王国（公元前626—前539 年）。

在研究中发现，像"神庙"（如果首领是一位神）或"宫殿"（如果居首的是一位有血有肉的人）的概念被用于表示那些大的家庭；对于同时代的人而言，它们毫无疑问就是"大房子"，拥有足够的权威，不仅能动员劳动力，还能将农民经营所得的盈余筹集起来，分配给不从事农业生产的居民。只有再分配的制度才使——通常是在城市居住的——"专门人才"有可能从事不同于农业的工作，继而成为祭司、抄写员、兵卒或是工匠。向大型再分配机构的转变，同时打破了部族和氏族的权力——在以前，部族和氏族靠着尽可能自给自足的家庭影响着经济形势。

大型机构的发展使作为领导的神或人获得了权威。如果一座"神庙"征收捐税、征召劳动力入伍，那就是由神灵发起的；如果一位恩西或一位卢伽尔①以一座"宫殿"的主人的身份这样做，那么他自然也是受神的委托。就连经济"改革计划"，比如拉格什的乌鲁卡基那国王（这位国王上任为的是减轻他的臣民们的重负）的改革，都要以城市之神宁吉尔苏的名义来宣布，国王则以其代理人的身份出现。在一种没有诸神管理便无法实现任何事情的制度之下，只要首领们享有更高的厚爱，则权威的实施成本便会几近为零。

除此之外，专业的（工艺的、计划的）和象征的（宗教的）知识还决定性地构成权威的基础，其传播、存储知识的工具是文字——作为"楔形文字"被刻在用以存档的陶土泥板上。文字首先能使人们将涌入"神庙"和"宫殿"仓库的货物进行目录编制，并在出库时加以记录。滚筒印章则起到了类似于文字的功能，协助人们认证货物和保持文件的真实性与完整性。管理部门要求

---

① 古代苏美尔城邦国家统治者有三种称号，分别为恩（en）、恩西（ensi）和卢伽尔（lugal）。恩级别最高，卢伽尔位于两者之下。

鉴定书：要是没有精通文字的专门人才——在早王朝时期的美索不达米亚，随后一直到希腊古典时期的所有时代，他们都是极少数的人——大型机构便无法履行自己的再分配职能。

和其他的专门人才一样，抄写员们也想让别人供给他们所有日用必需的东西。那些依赖大型家用的专门人才应当得到多少粮食，对此配给量清单上有明确的说明。因此，配给量清单属于有文字记载的人类所认为的最早的有价物品之一，在早王朝时期，账簿上就已有极其精细清楚的记录，依赖供应的人可以分得多少粮食。一份出自拉格什的苏美尔文献中准确地列出哪些人有权受领一个神庙的配给以及他们得到的大麦配给量："合计：1个男人领50升，1个男人领40升，5个男人每人领15升，23个男人每人领10升。56个女工每人领20升，72个女工每人领15升，34个女工每人领10升。"后面写着："共计192个人，其中儿童和成年人，得到大麦2935升。大麦配给量、女工和儿童为耕作女神的财产。"分配"耕作女神粮仓粮食"的"监察员恩尼加尔"负责地标记（塞尔兹，《经济文献》，第93—94页）道。

这里提到的男性工人和女性工人，都处在机构等级制的最底层，这种等级制在早王朝时期已经发展成熟，他们是某位神的"财产"：他们的人身是自由的，却被捆绑在"神庙"这个机构相互牵制的体系中。依赖一个机构的人数往往数万。他们将粮食放在较大的贮仓备好，按照固定的时间间隔发放，被发放的还有日用必需的其他物资，如衣服。不过，有些食物，如鱼和蔬菜，并不包含在配给物品当中；这里还可能存在过一个壁龛，曾被用于"私人的"经济活动和某次小量的物物交换。但是，"神庙"和"宫殿"的管理者将大部分食粮分给了自己，凭借那宽敞的建筑，他们成为早期美索不达米亚各城邦的统治力量。

人口的增长、农业生产的提高、灌溉工艺、冶金术、职能的划分、城市化、文字书写和政权的形成，这些基本都是同一个转换过程中的侧面反映。但是，"神庙"和"宫殿"这种大型的、似乎是"原生国家"机构的产生，还是具有决定性的意义，因为没有它们，城市生活便不可能运转。由于缺乏消除农业生产者和消费者空间分离的其他机构——市场，通过再分配为在城市定居的专门人才供应物资便成为整个过程中必不可少的条件（conditio sine qua non）。后来，美索不达米亚的"神庙"和"宫殿"这样的机构，晋升为整个青铜时代的成功典范——从黎凡特到尼罗河谷和小亚细亚，再到爱琴海。在爱琴海，生活在克里特岛上的克诺索斯和伯罗奔尼撒半岛上的迈锡尼的"大家庭"，完全按照与美索不达米亚类似的规则运作着。

在得到考古学材料的补充后，希腊大陆的线性文字 B 文书使得重新描摹迈锡尼社会的轮廓成为可能，这些文书使人们对青铜时代欧洲边缘地区的经济有所了解。然而，泥板上（它们是真正的管理文书）干巴巴的内容，多数都是残缺不全的，都限制了各种被完全解读的可能。据通行的观点，自公元前 1500 年前后起，少数几个大型的宫殿中心——其中一些（首先是梯林斯、皮洛斯和迈锡尼）已得到考古学的证实——统治着希腊大陆。宫殿的主人是国王（希腊语为 wa-na-ka）：在这个头衔下到底是一位有着神的名誉的国王，还是一位神，考古学家们对此进行了激烈的讨论。毫无疑问，和美索不达米亚完全一样，居民被划分为两部分，少数专门人才（他们当中的有些人，尤其是军事的、管理的专门人才，我们可以根据其头衔辨认出来）和人民（希腊语为 da-mo），即依赖于宫殿或是作为农民、牧人、工匠从事日常工作的广大群众（希腊语为 dêmos）。像在两河流域那样，各个宫殿的管理者定期给它们的专门人才分发配给量，或者给予这些人小块的农业用地（希腊语为 o-na-to），供他们自行耕种。这种保障生计的方式，近东地区曾使用过：在那里，早在公元前2000 年前后，大型机构对地产的严密垄断便已经让位于一种更广泛、似乎是封建的扇状展开形地产的占有方式。

但希腊并非美索不达米亚，这里的农业收成没那么好，灌溉技术几乎不起作用，饲养绵羊和羊毛生产比在幼发拉底河和底格里斯河沿线更重要。相应地，再分配的经济体量更小，机构的家庭优势显得也没那么突出。不同于美索不达米亚（与青铜时代的叙利亚有些相似）人民拥有自己的机构，而且由于有可能是集体的地产，它可以被继续出租给个人。总的说来，土地租赁起到较大的作用，在此过程中对出租的土地拥有支配权的，归根结底还是"宫殿"，在那里保存有准确的土地登记册。人们对牧群也备有细致入微的记录：文书会注明，由某位标有名字的牧人放牧的绵羊存栏多少只，可能还有错误的数目；此外还记录着牲畜的性别、羊毛的预期产量等。之后，"宫殿"又将这些羊毛委托给备注有名字的人继续加工——通常是妇女，也有儿童。负责人最终将已织好的纺织物收集起来，用"wa-na-ka-te-ra"这个标明这些织物为"宫殿"所有。"宫殿"可能不会自己管理整个生产链：很多文书中都这样提及，有牧人扮演"创业者"的角色，似乎是"宫殿"中的下一级企业主。自由人和奴隶之间的准确界限在哪儿并不明确，这一界限在美索不达米亚和埃及也同样存在。

从文书中，人们几乎没有获得关于远程贸易的任何信息；不过我们通过考古发掘得知，在青铜时代晚期，爱琴海的居民不断与西亚和埃及进行着频繁的交换。对于青铜时代的宫殿中心如何处理彼此之间的商品交换，我们可以直接从一本用楔形文字所写的文集中获知：这是考古学家们自 1880 年以来从安纳托利亚的灰山（Kültepe）发掘出来的，其泥板总数远远超过20000 片。从公元前 20 世纪早期直到公元前 18 世纪末期，亚述的一个贸易基地就位于这里，一个名叫卡尼斯（Kaniš）的港口——对于在安纳托利亚东南部山区中间经商的亚述商人来说，卡尼斯是一个安全的港口，它是一个贸易线路的目的地，通过它，亚述这个位于美索不达米亚的强国从安纳托利亚购进金属——银子、金子以及主要的铜，同时销售纺织品给对方，金属锡则由亚述人自己从伊朗进口。这样，军事强国亚述得以首先满足自己的武器锻工场的金属需求，同时以银子的形式，通过交换其他货物获得一种普遍可兑换的"货币"。

从组织方面来看，港口远远不止是个贸易基地：它是一个具有法律地位的团体，其法律地位受到地方执政者的认可，由亚述国王担保。这种实际的治外法权保护着商人们免受所有异邦的娜美西丝①的肆意伤害。此外，它还创造出一个受保护的领域，在这个领域内，商人们可以十分信任地与同行建立联系，由此结成社交网络。亚述国王的担保还包括：那些踏上前往卡尼斯的充满危险的艰辛之路，或是在卡尼斯进行货物转运的商人，他们做买卖无须自己负责，他们大多数是"宫殿"的负责人。他们就像一个大型机器的小小齿轮，每个商人都有着自己的任务。古亚述时代存留下来的往来通信，实质上是由合同证明文书、信件和存货清单构成的，商人们凭借这些了解彼此有关交易、护送人员以及被运送货物的种类和数量等信息。

有几个文书似乎暗示，个别的商人利用职权为自己挣得了一些东西。如果真是这样，那么，他们便是为达到自己的私人目的利用了市场的法律——两地之间的价格变动。但是，亚述的卡尼斯贸易的重点却完全是不同的，其议事日程上的首要问题是帝国对金属的需求，

---

① 希腊神话中的复仇女神，报应女神。

尤其是用以制造青铜器的铜矿石。没有铜,矿石贫乏的美索不达米亚的锻工场就会变得悄无声息,因此购买到铜这一条件是卡尼斯港口的商业基础。

宫殿中心之间的交换还具备另外一层重要性,出自卡尼斯的泥板并未证实这一点,但是从埃及的一本重要的原始文集——古老的《阿玛尔纳信件》可以明确地了解到。公元前 14 世纪中叶,尼罗河流域旁的国家埃及在阿蒙霍特普四世(别名埃赫那顿)的统治下,陷入宗教变革时期,与外部的同盟伙伴和附庸国关系日趋疏远。这些主要由古巴比伦的文字撰写的信件,表明了一位像埃及法老那样的"伟大"国王所需保持的外交联络网:他与同级别的人物有通信往来,如赫梯国王、巴比伦的加喜特人的统治者、亚述的国王或是米坦尼国王,同时又没有中断与级别低一点的"小"国王(如在黎凡特南部的附属国)的对话。尽管法老的回复无一例外地石沉大海, 但是一个带有两种等级的"国际"体系却初露端倪,在这两种等级中,统治者们像一个家庭的诸成员一样相互交流。

外交上的交际严格按照相互性和交互性来设计。同级别的国王彼此以"兄弟"相称,法老和他在黎凡特的附属国之间则是"父亲"和"儿子"的关系。礼物(黄金和女人）总是作为充满善意的信物被相互交换。很能反映通信往来特点的是，货物交换的物质层面（比如说埃及从塞浦路斯得到铜和木料，而塞浦路斯则从埃及得到银和"甜油"）用如同兄弟般情谊的语言来表达和行礼节：货物并非只是货物，而是互换中充满象征性的礼物。在这场交换中，人们通过礼尚往来而赢得了友谊，同样，附属国的王侯们也把礼物送往法老的宫廷，以此获得法老的欢心和庇护。在这里，一次实质为物质的交易（用纳贡来支付）被嵌入到一个用密码书写的社会准则体系中，最终无法辨认。

阿玛尔纳通信的风格触及前现代经济研究中的一个普遍问题：对于我们来说，从一个超过3000年的时间跨度来看，这些实干家针对经济的议程是一清二楚的。埃及的建筑项目和其军队需要木料和金属矿，为了获得这些东西，人们开始从事远程贸易，用礼物作为商业往来的敲门砖，或是利用埃及的政治分量来迫使附庸国纳贡，不过这样不免让人觉得乏味。关键是，文书中没有只字片语提到过这些动机。如果人们认真对待这些文书——我们本来也应该如此，那么，人们就得思考其原因之所在了：使用兄弟情谊的语言只是为了有意地将目光转向严酷的经济事实的"意识形态"？它是否是一场让所有参与者使用相同的说话方式和相同的词汇进行交流的"讨论"？或者说，阿玛尔纳通信文书中经济概念的明显不足有着更深的原因：它是否代表着，实干家们可能根本没有察觉到商品交换在经济上的重要性？

第三章

互　联

　　世界各地的人们在青铜时代联系得非常紧密，货物和人员通常从爱琴海通过航行到达伊朗，从小亚细亚直到尼罗河畔。交换的意义和目的是，在远方购得紧缺的货物，如黎巴嫩的木料、塞浦路斯的铜、努比亚的黄金和亚述的纺织品……随着公元前 1200 年前后宫殿中心经济的崩溃，频繁的货物交换也逐渐减少，只有局部的地区还保持活跃。远程贸易在铁器时代得以复兴，来自黎凡特和稍晚期的爱琴海商人起到了决定性的作用，这一复兴开创了一个长达千年的历史阶段，在这期间，古代地中海地区的互联越来越紧密，在人居领地(Oikumene)的经济—文化的相互作用区，这种互联达到了鼎盛。

来自远方的货物

错综复杂的社会需要无数的先决条件。在青铜时代，由机构性的大家庭所统治的帝国是那个时代最复杂的国家，如赫梯帝国、加喜特巴比伦时期或埃及新王国时期的帝国，其实物资产为基本前提之一，如食物、金属矿和建筑材料，也包括更稀缺的异域原料，这些原料被用来制成奢侈品，或是在祭祀中被使用，如黄金、象牙、宝石或乳香等。对于帝国而言，获得原料的途径是一条扩张的道路，他们如果无法占领哪里的原料来源，就必须以和平的方式打听到这些原料的来源。

当一种原料不在帝国的军事所及的范围中时，青铜时代的大国们有何举动呢？对此，埃及女法老哈特谢普苏特对庞特进行考察并做出了直观的展现。在神谕宣告人们应该"考察通向没药种植土坡的贸易线路"之后，一支埃及船队于公元前1500年前后驶向这个位于非洲之角的国家。哈特谢普苏特的祭庙内有图文并茂地描绘这次考察的记录：阿蒙神已将"整个庞特"赐予女法老，但埃及人却仍未见到庞特的没药种植土坡。记录中还有一支由5艘船组成的舰队如何满载出航；记有由哈特谢普苏特亲自率领的埃及代表团如何为东道主筹办庆祝活动以及如何交换礼物；最后写了埃及人如何装满异域的野兽、黄金、木料和乳香踏上回国的旅程。尽管这些文书有意给人以女法老直接取走没药和悬铃木木料的印象，但是毫无疑问，哈特谢普苏特与庞特居民们是平等商谈的，这和与黎凡特的接触完全不一样——黎凡特的"国王们"对法老有纳贡义务，而埃及与乳香之国庞特的货物交换是严格平等的。

到庞特的考察，仅仅是埃及在第十八王朝时期开展的贸易活动的高潮。埃及船只驶向阿拉伯半岛、努比亚和地中海的各个目的地，用埃及出产的货物交换铜、香柏木、沥青、油和乳香——反正，埃及少不了这些物品。并非所有的法老都像哈特谢普苏特那样为了满足埃及对原料的需求而踏足异域，但是，埃及的商船在青铜时代的各片海域上航行却是常事。

有一个港口，埃及船员们经常航行到那里，它得以存在主要归因于埃及缺乏树木、需要木料，这个港口便是当今黎巴嫩海岸边的小镇毕布勒斯。从毕布勒斯出发，人们得以从海拔最高达 3000 米的黎巴嫩山区轻松地开采出丰富的香柏树木。对于埃及人而言，这些笔直而高大的用来当建筑用的树干以及用它们制造的家具和石棺等，都必不可少。这样一来，居住在尼罗河畔旁的人们很早就重视与这座黎凡特小镇的紧密联系也就并不令人感到奇怪了。因此，早在公元前 3000 年，毕布勒斯的文化就已经受到埃及的影响；在将近公元前 2000 年前后，埃及在政治上控制黎凡特时，这座黎巴嫩沿海小镇的统治者也成为一位必须向埃及纳贡的"小国王"。这一状态持续了数百年之久，尽管在公元前 1355 年前后，毕布勒斯的统治者里普－阿迪在写给阿玛尔纳宫廷的多封满怀愤恨的信中抱怨，造反者正在猛攻他的地盘，但法老却可耻地将他遗弃。大约 80 年后，拉美西斯二世让人在毕布勒斯附近竖起 3 个强调他丰功伟绩的碑文，为埃及统治毕布勒斯提供了依据。

再往后 200 年，公元前 1075 年前后，一个埃及人再次乘坐帆船来到黎凡特。这位旅行者名叫温阿蒙，是位高官，他以法老的名义叩响毕布勒斯统治者塞克巴尔的门，要求他供应香柏木。为了抵达毕布勒斯，温阿蒙经受了巨大的考验；如同内战一般的骚乱震撼着尼罗河畔旁的这个帝国，而且在跨海途中，温阿蒙还遭受到海盗的袭击。当时的温阿蒙用生硬的命令语气告知塞克巴尔，应该像其父辈和祖先那样把香柏木提供给他——他是法老的密使，法老则是塞克巴尔的主人，而且塞克巴尔从埃及人那里得不到任何东西作为报酬。然而，温阿蒙表露出的过分自信却对塞克巴尔并未奏效。不付账就没有香柏木可拿——城邦君主表面和善，实则毫不客气地回绝了温阿蒙。于是，温阿蒙只好踏上归程，设法弄到货物来交换木料。只有当温阿蒙满载着贵金属、纸莎草、织物和其他贵重物品回来时，塞克巴尔才将他的伐木工派往黎巴嫩，为埃及人砍伐他们想要的香柏木。

　　但这个插曲也可能从未发生过。《温阿蒙的报道》是文学的、非历史编纂学的文本，可能于公元前1000年才出现。不过，纸莎草——俄罗斯的埃及学研究者弗拉迪米尔·戈列尼斯彻于1891年在工艺美术品贸易中曾买到了它，包含了关于哈特谢普苏特和拉美西斯二世统治以来改变古代近东世界各种力量的极为珍贵的信息。即便被描述的事件是虚构的，这个文本也会让读者们觉得可信；它可能以原始资料为依据，兴许还以出自公元前1075年前后那个时代的官方文献为依据。首先是情节的核心极具说服力：和他的祖先们不一样，塞克巴尔不再承认法老所享有的接受纳贡的权力，黎凡特的这位统治者已不再考虑白白地将香柏木送往尼罗河畔。"至于我，既不是你的仆人，也不是派你来的人的仆人。"他这样反驳法老的代表。

塞克巴尔拒绝了帝国统治的"比赛规则"，对于他来说，青铜时代宫殿之间货物交换沿用了数百年之久的如兄弟般联谊的方式也已经过时。"你给我点东西来交换，我就同意你的请求"，他反驳温阿蒙提出对其白白交付木料的要求，强调严格遵循等价交换的原则。塞克巴尔作为毕布勒斯的统治者,在埃及人的眼中是一位"小国王"，但是他的说话方式却像一位老道的商人——什么都不能白给。在埃及人看来，这似乎是一个不顺从的附庸国提出的非分要求，实际却是由一次政治上的根本变化所带来的经济上的必然结果：作为中心的宫殿在经济上的崩溃。这种崩溃在公元前 1200 年前后震撼了地中海东部，可能是由于大国无力消除再分配体制中获胜方和失败方之间日益增长的社会鸿沟而引起的。

新的比赛规则

青铜时代各帝国在公元前 1200 年前后的瓦解，也中断了各国之间的货物交换。当政权和社会秩序，甚至人们掌握的文字都逐渐消失时，地中海东部地区社会的复杂程度便大幅度降低。没有精英的地方，也就不会再有对奢侈品的需求。普遍衰退的涉及面越来越广，有些地区的商品流通完全被切断，如爱琴海和西西里岛；有些地方总算还持有部分交换体制，但彼此至多只是松散地联系在一起。总的说来，对于地中海东部的广大地区而言，持续数百年之久的黑暗时代开始了，只有少量的发掘物给这个时代（从历史学家和考古学家的角度看）带来些许光明。

不过，还是有迹象表明，当时黎凡特的中部和南部、当今黎巴嫩和以色列的沿海地区，都处于普遍的混乱状态。对此，最好的例证是在一本亚述的文书中，该文书报道了提格拉特帕拉沙尔的国王在公元前1100年前后向西顿、毕布勒斯和阿瓦德岛收取"贡物"。毕布勒斯和西顿南面小城萨雷普塔的文物挖掘表明，一些聚居点可能完全逃过公元前1200年前后席卷整个地中海地区的毁灭性浪潮；继续往南，亚实突、以革伦、加沙、亚实基伦和卡西勒这些沿海聚居点尽管被毁，但是到公元前1100年前后，它们又发展成为名副其实的城市。毕布勒斯在《温阿蒙的报道》中被明确视为船只经常抵达的一个港口。

阿瓦德岛和加沙相对的连续性，以及曾经决定黎凡特命运的伟大帝国的消亡，都为地中海东岸的城市开辟了当时未知的避风港。像塞克巴尔一样，这里的人们可以自行给出口的原料定价，其出口的原料除了香柏木，主要有骨螺紫①，这种骨螺紫是通过从大量出现在黎凡特的骨螺中，用一种复杂的方法制成的。在希腊人那里，这种染料甚至以黎凡特中部的居民命名：人们称他们为腓伊尼凯斯（Phoinikes），腓尼基人，或"紫红人"（"Purpurroten"）。

不过腓尼基人的经济活动并不局限于出售原料。在最早的铁器时代的文书中，他们被赞为天才工匠，同时也被称为老谋深算的商人，总是遭人提防。

从《圣经·旧约》的《列王记》和《历代志》中我们知道，腓尼基的推罗王希兰帮助所罗门建造了耶路撒冷的圣殿。其中讲到，希兰购置黄金、香柏木和松木，甚至还提供工人给所罗门使用，其中有铜匠户兰（Hiram）——一位真正的行家，他制造了两根铜柱，将它们立在圣殿之前，还为圣殿内部制造了无数物件（《列王记上》7：13—51；《历代志下》2：2—4：22）。作为回报，推罗城得到了食物以及所罗门割让给希兰的依次勒耳平原的土地。后来还传说，所罗门成为推罗王的贸易运送合伙人，这些运送队据说到达过他施——当今的安达卢西亚。除了金银和象牙之外，他们还将异域的动物带回了以色列（《列王记上》10：22；《历代志

_____

① 又称"泰尔紫""帝王紫"。

下》9：21）。在亚喀巴湾北端的以旬迦别，希兰和所罗门还建造了一个港口和去印度洋方向出航的商船（《列王记上》9：26）。对于这些故事，人们可能所持的观点总会有些是肯定的，那就是《列王记》和《历代志》成书于流亡时期（公元前597—前539年），它们的作者对于那个遥远的过去的信息的了解少得可怜。建造圣殿是在什么时代（是公元前10世纪，还是公元前6世纪，抑或是这期间的某个时间）几乎无法推测，不过腓尼基人作为商人和工匠的身份在公元前6世纪就已经确立。

希腊人也以类似的方式看待从黎凡特过来的人。《伊利亚特》这部史诗作为希腊文学的首部作品，于公元前700年左右有了文字的形式。在《伊利亚特》中，腓尼基人全都以一流商品生产者的身份出现，这些商品正是因为是由西顿人（《伊利亚特》中腓尼基人的名称）所制造而获得自身的价值。史诗中反复提到腓尼基人的金属工艺品，而且在特洛伊王后赫卡柏的卧室里还存放着长袍，"染成彩色，是西顿妇女的手工制品"（荷马史诗《伊利亚特》第6卷，第289—299行），特洛伊国王普里阿摩斯的王后认为，其中最美的一件可以作为礼物送给雅典娜女神。

而在荷马史诗第二部《奥德赛》中，我们看到的腓伊尼凯斯所扮演的完全是另外的角色：他们不是生产者，而是商人和承运人，但他们的商人派头非常可疑。猪倌欧迈奥斯原为叙利埃岛的一名王子，他在一个篇幅较长的按语中谈到，当他还年幼的时候，腓尼基人曾经拜访过他所在的岛，他们在这里待了一年，用他们放在船肚子里的"小玩意儿"换得各种各样的货物。然后，他们和一名腓尼基女奴同谋，拿着国王的贵重银器溜之大吉——他们还趁机诱骗了欧迈奥斯，后将他卖为奴隶（《奥德赛》第15卷，第415—470行）。还有一次，奥德修斯讲述，一个据称来自腓尼基的男人说服他加入自己的商贸活动，于是他跟随这个男人启程赶往腓尼基，后来又一同运送货物到利比亚——在那里，那个腓尼基人企图卖他为奴，以换取大笔的收入（同上，第14卷，第288—296行）。

《荷马史诗》中所描述的腓尼基人的形象绝对是多层面的，但这些文本在一点上表述得十分清楚明了：当爱琴海地区的居民们刚从黑暗时代觉醒时，黎凡特人在各方面都胜过希腊人——工艺、艺术和组织。腓尼基人不仅是生产手工艺品的工匠，使希腊人不得不敬佩；他们还控制着商贸线路，以商船而闻名，且精通航海（同上，第15卷，第415行）。他们很早就将铁器时代初期联络松散的局部贸易网连接成更加错综复杂的关系网，他们的船只在这个关系网中航行，以便进行物物交换，从中获利。《荷马史诗》中的文本清楚地表明，海外贸易对于腓尼基人而言已是一个行业：商人们从一个港口行驶到另一个港口，通过不使用钱币的物物交换"出售"他们的货物，很显然，他们和青铜时代的商人不一样，已不再属于某个机构性的大家庭了。确切地说，经营商船的是贸易公司，对利润的共同需求使他们团结在一起，他们（奥德修斯的例子即说明了这一点）也有可能混居在一起。他们的首要目的不再是从远方购得物资，而是从中间贸易中获得利润。

这样的商业模式取决于很多先决条件：商人不仅要具备吸引人的货物和适宜于航海的船只，还需掌握语言知识和全面的地理知识。如果对异域国家的居民及其需求没有确切的了解，那么，每一次商贸运送都会是一次毫无把握的旅程，所承担风险的可能性势必远远大于盈利的。腓尼基的大都会推罗最迟在公元前 10 世纪接管了黎凡特沿海城市的领导权，与各方建立起相应的联系，对此，《旧约》中还有一处文本可加以证实：这次是一个预言，出自《以西结书》中的所谓的"推罗的哀歌"（《以西结书》27）。这一著作成书于公元前 6 世纪，在公元前 572 年，古巴比伦国王尼布甲尼撒占领推罗之后不久。不过，它真正的主题却是推罗城在自己的全盛时期（公元前 9 世纪—公元前 7 世纪）所展现出的富有，其基础就是远程贸易。"哀歌"极其细致地列举了腓尼基大都会的贸易伙伴以及各自交易的货物："示巴和拉玛（位于阿拉伯半岛南部）的商人与你交易，他们用各种上好的香料、宝石和黄金兑换你的货物。"按照这样的模式，几乎当时所有国家都与推罗做生意：从他施（如今的安达卢西亚）到路德和弗（如今的利比亚），直至波斯。这样，一张广阔的远程贸易关系网就形成了，就像蜘蛛在网中一般，推罗城正好处在贸易网的中心。在这个中心周围，根据工艺的、社会发展阶段的不同，贸易伙伴供应的产品也不同,比如纺织成品(埃及、亚述)、农产品（犹大、以色列）或是矿石和其他原料（阿拉伯、塞浦路斯和他施）。若是没有货物可供交换的地区，也可以贡献奴隶，比如雅完（如今的希腊）、土巴（在如今的安纳托利亚东部）和米设（在如今的托罗斯山脉附近）。

围着地中海而居的希腊人

以推罗为中心的密集关系网并非从幻想的预言中产

生——它是公元前 9 世纪到公元前 7 世纪真实存在的。到底多真实，出自腓尼基远程贸易所在区域的考古发掘为此提供了证明。这样一来，自公元前 900 年起，由腓尼基工匠制造的金属器皿——铜制的和银制的，被送达从意大利跨至美索不达米亚的区域。这些器皿——多数是被称为"Paterae"的浅碗往往装饰奢华，被极其珍视，这还应归因于在石器时代广泛传播的会饮文化。不管是在波斯、希腊还是凯尔特人的欧洲，各地的贵族都聚集在一起，参加愉快的狂饮酒宴。

这些具有文化意义的华贵物件如何在铁器时代的贵族圈中被轮流传递，《伊利亚特》中有一段这样的描述：在纪念他那已阵亡的朋友帕特罗克洛斯而举行的祭奠比赛中，阿喀琉斯设立如下奖项："……一等奖是一只银制的大调缸，工艺精美，可以盛六升美酒，是世界上最典雅的一只调缸，出自技艺超群的西顿工匠之手，由一些腓尼基商人运过苍茫的大海，到达了托阿斯的海港，就作为献礼，送给了托阿斯。为了赎回普里阿摩斯之子吕卡昂，欧涅拉奥斯——伊阿宋的儿子，将它送给了帕特罗克洛斯。现在阿喀琉斯在死难朋友的祭奠比赛上将其作为奖品，赐予跳得最快的人。二等奖是一头硕大肥壮的公牛，三等奖是末奖，为半塔兰同黄金。"（荷马

《伊利亚特》第23卷，第741—751行，J. 拉塔茨译[1]）

对于所提及的器皿具有多少价值，这段文字透露出了很多：它比一头公牛更有价值，比半塔兰同黄金更有价值[2]。此外，我们还获知了有关交换形态的大量信息：那些奢侈品更换了主人，有作为献礼（从腓尼基人到托阿斯）用的，还有的作为战俘的赎金（从欧涅拉奥斯到帕特罗克洛斯）使用；现在，比赛的获胜者将获得这个器皿。每一次交易都属于典型贵族的排场（东道主之谊、战争和竞赛），具有仪式感。这并不意味着他们能逃避经济上的理性行为：用礼物来结交宾客，将朋友从被俘中赎回，或是酬谢竞赛获胜者，三者同样是理性行为；在这里，经济资本被投资到另外一种资本形式中——团结一致，更确切地说是社会资本。在行将终结的黑暗岁月中，只有团结一致才能将贵族圈子凝聚在一起。

由于器皿在不同出身的贵族当中广为流传，因而始终以典型的贵族题材为依据作为装饰——尤其是狩猎和战争，这些题材在各种文化形态中都能被理解。腓尼基的金属器皿之所以成功，原因就在于它们是建立在普遍易懂的图像学基础上的。类似地，腓尼基的其他奢

---

[1]　此处标明的为《伊利亚特》的德译本作者。

[2]　大量的却无法进一步估量的黄金。

侈物品——尤其是象牙雕刻被用作装饰家具，也拥有一个广泛的受众圈。此外，所有的题材都被刻意地保持得一目了然；在贵族的宫殿，尤其是西亚地区的宫殿，象牙雕刻深受人们的青睐，人们对它们的估价也变得更高。

腓尼基的远程贸易与腓尼基人所到之处的社会变迁如何齐头并进，人们可从希腊埃维亚岛上的考古遗址勒夫坎狄的实例得到证明，让人印象深刻。在这个地方，有六个大型墓地被发现，这些墓地大约产生于公元前1000年到公元前825年之间。人们在其中一个墓地发现了一个腓尼基的铜制碟子，这个碟子有可能充当过荷马用于描绘的调缸的模板。特别值得注意的是那座被称为英雄祠的，这是一幢长为45米的半圆形房子，房子底下安葬着四匹马、一个男人和一个女人。在女人尸骸四周有大量的陪葬品：一把铁铸的刀，还有铜制、铁制以及金制的首饰，这些东西大多数是从东方进口的。来自异域的图画元素被当地的工匠们有选择性地加以使用着——更确切地说是被陶匠使用，如今，这些陶匠在用几何图案装饰的器皿上又增添了人物形象。在公元前9世纪的勒夫坎狄，很显然存在一个贵族圈子，他们既能消费得起从东方进口的贵重金属物件，又能推动当地的工匠不断革新。

在勒夫坎狄，公元前 800 年左右的聚居点被毁，"东方化"外形的进一步发展终止。在科林斯，人们则继续为制陶业整理着腓尼基金属碟碗的图解和技术上的清单。公元前 650 年前后，科林斯出现了一种用来装芳油的带塞小瓶。这种器皿表明，远古时期的希腊陶匠已经学会了异域的、现已成为公有精神财富的绘图语言。科林斯的陶匠大胆地提出要求，要将他们的产品与腓尼基那些由一流材料制成的产品进行竞争。

科林斯和埃维亚的居民与黎凡特商人的联系最为紧密，而地中海地区则注定发生根本上的改变，这两个地方成为这一过程的起点并非偶然。货物的流动性总是取决于人的活动：在公元前 8 世纪，希腊人就开始在远离家乡的地方安家，原因是那里有更好的物质资源。在这一点上，希腊人也开始学习腓尼基人，后者从公元前 10 世纪以后就开辟了地中海沿海地区——从塞浦路斯到西西里岛，再到撒丁岛和北非，直至西班牙，并在这些地区定居下来。不过，商业动机在黎凡特人那里处于中心位置，而对于希腊人来说，《出埃及记》越来越成为他们用来缓解家乡的分配冲突的突破口。

希腊的海外移民的首个桥头堡是那不勒斯湾的伊斯

基亚。这个被希腊人称为匹德库赛（"猴岛"）的岛屿不是来自埃维亚移民们的"侨居地"，而是一个各种族融合的地方。从这里出发，古意大利的大陆，尤其是伊特鲁里亚的矿藏和坎帕尼亚的肥沃平原都能被开发。在希腊人之前，已经有腓尼基人在这里定居，他们进入到第勒尼安海业已形成的地方贸易网，也有证据证明（古意大利的）伊特拉斯坎人曾在这里居住过。公元前8世纪时，这个岛不仅是金属矿的交易中心，而且还是金属加工行业的驻地之所在。

在有人员与货物流动的地方，人类的种族—文化的身份很少被明确规定。这一点，匹德库赛的墓穴即可证明。这些墓穴中安葬着黎凡特人，不过是按照希腊的习俗。而且配给逝者的铜质、铁质与银质的胸针也表明，铁器时代的伊斯基亚呈现出的是多元文化。值得注意的是，许多通常成对佩戴胸针其实并不搭配，只是人们追求风格上的多样性。倘若有人认为胸针的样式应尽可能多，那么这就表明，它们的主人（大多数是女主人）有时尚意识，追赶着不断变化的流行趋势。此外，尽管死者可能是希腊人，但这些胸针却并非由当地或是希腊生产，而是出自古意大利大陆。如果进口的产品国内本身也能轻易生产出来，那么，其中必有其他的物物交换方式，而并非仅仅是从远方购置本地所没有的货物。

被发现有墓穴与胸针的匹德库赛，在一定程度上可以说是早期的互联中心。人们在消费或是选择居住地时，首先并不是按照种族的或是文化的观察角度来行事；而起决定性作用的是，他们在国外过得比在家好一些。决定他们终生生活方式的首先不是出身，而是他们在目的地所受其生存环境的影响。在这个国与国之间逐渐越来越不陌生的世界，有着很多使货物流动起来的合理理由：资源分配不均、想通过物品交换延续各种社会关系，以及所有从很远的地方运过来的货物所具备的、带有异域色彩的吸引力。

随着匹德库赛的建立，希腊人得以打开通往地中海西部的大门：来自哈尔基斯的移民于公元前 750 年前后在古意大利大陆、伊斯基亚附近建立了库迈；纳克索斯作为西西里岛上的首个希腊移民区于公元前 734 年产生，叙拉古于公元前 733 年紧随其后，此后，赞克尔（墨西拿，公元前 730 年）、卡塔奈（卡塔尼亚）、莱昂蒂尼（伦蒂尼，公元前 729 年）和墨伽拉希布利亚（公元前 728 年）相继出现；自公元前 7 世纪起，以小亚细亚的米利都为起点，人们围绕着黑海建立起一座座城市。

这个过程，在研究中（其实与时代不合，因为这次移民潮和现代的殖民主义没有任何关系）称作"希腊大殖民"，临近公元前 500 年才几近结束。一个世纪之后，柏拉图完全有理由说，希腊人围着地中海而居，就像"一群青蛙围着一个水塘"（柏拉图《斐多篇》109b）。

"殖民"不仅使地中海和黑海流域（当时还是边缘的、几乎未被城市化的地方）达到爱琴海地区社会的和工艺上的发展水平，而且它对希腊本身还有反作用：希腊人学习到，通过有效的管理，他们城镇的政治机构变得可规划和可调节；他们接触到不同的文化以及不同文化的创新；他们建立起各种联系，借此大大地拓宽了自己的经济活动眼界；通过对以往广阔的未知领域从地理学上进行开发和地形测绘，真的使地中海地区变为柏拉图的"水塘"。因此，这次希腊移民潮对"能力意识"（克里斯蒂安·迈尔提出）具有初步贡献，自公元前 6 世纪起，希腊人也因具备这种意识而略胜一筹。

与古地中海的人居领地相关的，像科林斯和雅典这样的城邦晋升到全球玩家行列，这些地区的人再次仿效腓尼基人，他们给一个较大的地区供应奢侈品，且被人模仿：人们会想到价值极高的黑彩花瓶，这种花瓶原产于雅典，成为公元前 6 世纪末直至希腊化时期整个希腊艺术开始的标尺。雅典使提洛同盟逐步变为一种政治上的霸权体制，在公元前5世纪，提洛同盟体现并促成了雅典城邦在经济上的霸权地位。和其他城邦一样，雅典也用领事制度（Proxenie）这个工具来对付国际区域长期不受法律保护的状态。当时的领事制度和现代的并非不一样，它在一定程度上提拔其他城邦权位更高的居民，使其成为雅典城邦共同的异乡朋友。作为其利益的回报，他们从雅典人那里获得特权。一份授予西顿国王斯特拉顿的荣誉政令，披露了领事制度具体如何运作。公元前367年前后，斯特拉顿经民众决议被提拔为雅典的领事。斯特拉顿给予在自己城邦经商的雅典人以法律保障，为此，人们为他建立了一座石碑——免除所有西顿人缴纳非本地居民所需缴纳的外邦人税。为防止滥用，跑买卖的雅典人和西顿人会获得类似现代人的旅行护照一样的识别标记。

自公元前4世纪中叶开始，随着马其顿王国的崛起，希腊城邦对地中海地区的政治形势产生影响的时代宣告结束。马其顿王国的权力持续扩张，后发展到亚历山大大帝接管波斯的阿契美尼德王朝，最后还形成了希腊化的、领土意义上的君主国。这些君主国也是大型的、彼此之间或多或少地联系在一起的经济区，国王和帝国精英是资金极为雄厚的经济实干家。从那时起，西亚地区、欧洲地中海地区和北非形成了一个以往未曾有过的紧密的互联区域——在这个区域，货物、人员和思想以极快的节奏流动着。自公元前 6 世纪起，迦太基就已经发展成熟，掌控了地中海西部的政治与经济霸权。亚历山大向东征讨，罗马则获取了对意大利的统治权。伴随着希腊化诸国家和迦太基的产生，出现了相互影响极大的地区，在这些地区，陆军和海军在军事保护方面、法令在法律保障方面，均达到迄今未有的水准——而且旅行时间也大大缩减：根据老普林尼在公元 1 世纪的记载（《博物志》第 19 卷，第 3—4 行），从奥斯蒂亚到迦太基的路程只需 2 天时间，从奥斯蒂亚到直布罗陀 7 天，到塔拉科 4 天，到那博讷 3 天，从波佐利到亚历山德里亚 9 天。大型罗马货船"考贝塔"（corbitae）能运载重达 2500 吨的货物，以最快每小时 6 海里的速度横跨地中海。直至公元前 30 年，罗马人占领了迦太基和绝大部分希腊化国家，罗马人的帝国得以在政治上完成人居领地的组建：罗马人完全有理由称地中海为"我们的海"（mare nostrum）。

来自东方

自希腊化时期开始，伴随着帝国的形成，精英消费者层出不穷，他们拥有很高的社会声望、前所未有的经济能力以及与其身份相符的高标准应酬需求。无论是希腊化时代的国王和罗马皇帝，还是周围紧邻其宫廷的、无比富有的大地主，再或者有钱的罗马骑士，所有人都渴望得到那些要么成本极其昂贵，要么因在西亚—地中海的联络区无法买到而变得珍稀的物品，当然也包括贵金属和宝石，还有琥珀、日耳曼尼亚女性的金黄头发、香水、油膏、象牙、骨螺紫、乳香、香料和丝绸。地中海地区各帝国不仅是政治权力的中心和陶器工场，同时也是巨大的奢侈品市场。

尤其是丝绸和异域的香料，其产地在前希腊化时期还未曾与地中海世界有过联系。胡椒的药物功效已在公元前 400 年前后为希波克拉底所知，但是从印度进口胡椒的数量大概到亚历山大大帝统治时期才有所增加。更重要的是丝绸，在中国，纺丝早在公元前 4000 年就已经开始。这种名贵的料子很早便零星地抵达西方，人们在埃及帝王谷的一座坟墓中找到残余了的丝绸，经确定其年代为公元前 11 世纪。然而，直到将近"战国时代"

末期（公元前 475—前 221 年）才出现能批量生产丝织物的手工工场。以前，丝绸主要被用作原料来生产其他产品，后来则成为一流的奢侈品，只有上层社会才能购买。首先是汉王（公元前 206 年）①用丝质长袍作为赠品给异域的王侯；后来一支由汉武帝（公元前 141—前 87 年在位）派遣的外交使团以张骞为首领，于公元前 130 年前后抵达大夏王国（巴克特里亚）和安息帝国（帕提亚）。在那里，张骞也探得有关条支（美索不达米亚）的消息。反过来看，希腊人自亚历山大东征以后便知道丝绸（sērikón），亚历山大的海军将领尼阿卡斯将丝绸解释为"中国人的皮肤"（Sêres）——两个词都来源于丝绸的汉语拼音（sī）。

中国丝绸业生产的兴旺，在时间上与西方帝国的胜利进军、通往印度的航线被重新发现同步，这并非偶然。尽管亚历山大曾经东征，但东方的商品只有极少数跨过无数中途站点抵达西方，直至公元前 2 世纪，印度洋季风海路的发现②将这道门完全打开。西亚地区的塞琉古王朝和埃及的托勒密王朝——这些希腊化时代的君主国，从公元前 4 世纪末期开始有力地推进了对周边

---

① 指刘邦。公元前 206 年，刘邦被封为汉中王。
② 指利用印度洋季风开辟了印度洋航路。

地理的考察。根据老普林尼的记载（《博物志》第 6 卷，第 58 行），狄俄尼索斯①驾驶帆船从埃及出发，绕过阿拉伯驶向印度——这条线路，据说波斯军官斯库拉克斯在公元前 515 年前后曾使用过。公元前 2 世纪下半叶，基齐库斯的欧克多索斯受托勒密八世委托，再次朝印度驶去，还见识了季风，而印度洋沿岸国家已经会使用季风帮助自己来进行航海活动了。欧克多索斯发现，地中海文明与印度洋很久以来便已存在贸易网连接，这一贸易网有许多分支，其轮廓经由考古的实地调查才慢慢显现出来，来自非洲、阿拉伯、伊朗、印度和印度尼西亚的商人都加入其中，比欧克多索斯从埃及出航要早很多。

《厄立特里亚海航行记》（*Periplus Maris Erythraei*）是公元 1 世纪的一本值得关注的文本，对季风海路的发现做了记载。在"绕过红海的航行"时，实际涉及的东西有很多：要准确地描述到非洲东部和印度的、经济上有利可图的海上线路，同时须准确说明海员在路上可停靠的港口。被描绘的线路为，从埃及的红海港口米奥斯赫尔莫斯②和贝伦尼斯出发，穿过红海和曼德海峡，再

---

① 该词本身为"酒神"的意思。
② 原文为"Maushafen"，即现在的埃及库塞尔港。

穿过亚丁湾，在那儿往南分出一条线路，一直通到今天坦桑尼亚的哈帕塔东边。这条路线沿着阿拉伯半岛南面的海岸继续延伸，在那里再一次分岔，从近海岸的北面线路通往印度西北，再到南巴诺斯王国，在那里有一条陆路通往遥远的中国，"生丝和绢丝以及丝绸衣服都是从那里而来"，而南面线路则横穿印度洋，通往现位于印度喀拉拉邦的穆吉里斯。古代晚期的波伊廷格古地图①对穆吉里斯有所记录。按照该地图，有一座奥古斯都神庙位于这个印度南部的城市。此外，公元 2 世纪的泰米尔文本记载了文中称为"Yavana"的这一群体的各项活动："Yavana"可以肯定是源于"Ionier"（"爱奥尼亚人"）②这个词，指的是那些说希腊语的人。照这么说，"Yavana"应该不但从事过海外贸易——将黄金进口到印度、将胡椒出口到西方，还曾作为商人和工匠在

---

① 波伊廷格古地图得名于早前的收藏者 Konrad Peutinger（1465—1547）。全图长约 23 英尺（约合 7 米），在羊皮纸上绘制而成，涵盖了伊比利亚至印度东部的整个罗马帝国的交通网路，标注了沿途 2769 个村镇的位置和道路的距离。2007 年，该图被联合国教科文组织列为世界遗产。目前，这幅地图珍藏在位于维也纳的奥地利国家图书馆。

② 古希腊四个主要部族之一（其他三个为多利安人、伊奥利亚人与亚该亚人），使用爱奥尼亚语。

印度西海岸定居。一条航线从穆吉里斯继续延伸，经过锡兰①直至孟加拉。《航行记》②中记录的、可在印度购买得到的商品，有象牙、珍珠、布料和香料，还有钢和铁。

该用什么来交换这些商品呢？《航行记》中列举了橄榄、橄榄油、葡萄酒、粮食、玻璃、金属和纺织品，这些商品作为出口货物从西方到达印度。而老普林尼（《博物志》第 12 卷，第 84 行）则批评公元 1 世纪由于进口奢侈品给罗马带来的贸易逆差："印度、中国和那个半岛（阿拉伯半岛）每年从我们的帝国抢走 10 万塞斯特斯③，我们的奢侈品和我们的女人大概就花费我们这么多钱！"确实，大量罗马帝国时期的钱币在印度南部和锡兰被找到，也有一些在中国和日本被发现。不过，这期间在整个南亚和东亚的考古发掘似乎也说明，地中海地区的产品很受印度和中国贵族阶层的追捧，尤其是玻璃、油和葡萄酒，还有价格不菲的陶器制品和鱼酱。或许，与东方进行商品交换的收支情况比老普林尼想的要均衡，他明确地表达对蔓延中的奢侈现象有成见，并试图劝说读者也接受这种成见。

----

① 即斯里兰卡，1972 年以前被称为"锡兰"。

② 指《厄立特里亚海航行记》。

③ 古罗马的一种货币，初为银铸，后为铜铸。

在希腊化时期和罗马帝国时期早期，埃及是东方贸易的中转站。早在前希腊化时期，埃及就占据了红海沿岸的港口；托勒密王朝或许只是将洛伊科斯利门（"白色港口"）和米奥斯赫尔莫斯取上希腊名字；贝伦尼斯为新建港口，斯特拉波在（第 17 卷，1，44—45）书中[①]写到，新建的贝伦尼斯使得横跨红海的航线大大缩短。这位地理学家还记载，在奥古斯都统治时期，每年有 120 艘船从米奥斯赫尔莫斯出发驶往印度（第 2 卷，5，12）。一份用莎草纸抄写的希腊语文稿，标注了一份在印度的穆吉里斯签署的贷款合同，其日期为 2 世纪中期，正面有从穆吉里斯到亚历山德里亚可供选择的线路，背面有商人记录的需要上税的商品的价值：货物（其中提到的有 4700 磅象牙制品和 790 磅纺织品）总价达 700 万德拉克马。这是个可观的数字，当时一个罗马军团的士兵一年才领 100 迪纳厄斯（＝德拉克马）[②]军饷，而所运货物的价值则相当于 7 万名罗马士兵一年所领的军饷！

---

① 斯特拉波（前 64 或前 63—23 年）著有 17 卷本《地理学》，较详细地记载了当时以地中海为中心的罗马帝国的地理状况。

② 德拉克马（Drachme）为古希腊和现代希腊的货币单位，迪纳厄斯（Denar，拉丁语为 Denarius）为古罗马的一种银币。

公元元年前后，埃及的海外贸易商们因为一个"港口"而开始竞争，这个"港口"不在海边，而是位于叙利亚沙漠中间的巴尔米拉。这座沙漠的绿洲之城，在马里文献和《旧约》中就曾经以"塔德莫"这个名字被提及，但是在希腊化时期才发展为（就其可以辨认而言）一个重要的聚居地。或许受远程贸易的影响，这座位于幼发拉底河和地中海中部的城市吸引着越来越多的居民和可观的钱财，以至于从公元 1 世纪开始，处于城市中心位置的贝尔庙、数公里长的柱廊街和宏伟的剧院这样恢宏的大型建筑等得以建成。居民由已定居的游牧民组成，这些人在这座城市里完全没有摆脱自己的部族身份。巴尔米拉与草原游牧民之间联系紧密，后者将畜牧业融入这座绿洲大都会的体制结构当中。首先是部族和氏族之首的精英们将城市和草原捆绑起来，由于在远程贸易上二者有着共同的需求，城市和草原在经济上也关联在一起。

在巴尔米拉商人的管理下，远程贸易线路延伸极长，从地中海边的安条克和老底嘉，经过塔德莫的绿洲，直至幼发拉底河，沿着幼发拉底河直到沿阿拉伯河畔的卡拉克斯斯帕西努，从这里穿过波斯湾和印度洋，一直通向印度西海岸的港口城市。这条线路穿过游牧民聚居的叙利亚沙漠以及安息人的领土，尽管罗马和阿萨息斯王朝大多时候处于冷战状态，但热战也不少见，罗马帝国的城市穿过安息帝国的通道，始终是向巴尔米拉商人开放的。有经商才能且善于外交的巴尔米拉人，娴熟地利用起帝国间种族——文化上以及政治上从未完全划清界限的边境作为回旋余地。

年复一年地，一支荒漠商队离开了巴尔米拉，踏上前往波斯湾以及卡拉克斯斯帕西努那艰难而充满危险的旅程。有大量名为"沙漠商队"的铭文证实，敌对的游牧民和不愿合作的安息掌权者有可能阻碍这些商人。比如巴尔米拉公共区域的铭文，这些铭文原本附在雕像上，商人们借助这些雕像向那些曾经用金钱和影响力帮助过自己的德高望重之人表示敬意。这些人——而不是商人们，才是远程贸易真正的大实干家。远程贸易的巨大收益直接流入部族首领和氏族领导人的钱袋里，他们把控着巴尔米拉的公共生活。赞助是从政治上和经济上维系巴尔米拉网的黏合剂。当瓦勒良皇帝败于波斯人（公元 260 年），罗马在东方的统治随之面临着垮台时，塞普提米乌斯·奥登纳图斯——巴尔米拉的一位大赞助人，甚至成为罗马的救星。

与印度进行远程贸易依赖于一些不容更改的自然参数：穿过严酷干旱区的陆路依赖于植物的生长周期，海路则依赖于季风周期。因此，海员们一般在秋末或初冬从印度启程。他们在 11 月扬帆踏上通往巴尔米拉的旅程，以期 3 月初抵达靠近卡拉克斯斯帕西努的波斯湾，那时牧场已变绿，驮载的牲畜能够找到食物。在卡拉克斯斯帕西努，货物上完税便被装到骆驼上，再沿幼发拉底河穿过叙利亚沙漠，一直被运到巴尔米拉；别的商人再将这些货物从巴尔米拉运往地中海方向，它们最终于春季到达地中海地区。如果幼发拉底河的水位足够通航，可于早春开始启程去印度；在印度洋上，海员们还利用夏季季风助自己通往印度。商人们必须在上埃及的科普特斯等待尼罗河的高水位达一个夏天之久，途经埃及运输的货物在秋季才能抵达亚历山德里亚。商品延迟抵达安条克和亚历山德里亚，确保了东方奢侈品的不断流入，对于这些奢侈品，西方人全年都有需求。

经过巴尔米拉和红海，罗马帝国直接联系上了印度洋及周边国家；在那里，地中海找路最东的末梢与其他区域的线路重合，这些区域的线路延伸至日本、蒙古、印度支那和印度尼西亚，甚至到达大洋洲。罗马商人同时还和波罗的海东岸三国（Baltikum）[①]做生意，波罗的海的黄金从那里被运出，沿着维斯瓦河、穿过在名为琥

[①] 指波罗的海东岸的爱沙尼亚、拉脱维亚和立陶宛三国。

珀之路上的摩拉维亚门，到达意大利和地中海沿岸的其他各国。皇帝们统治罗马期间，人员和货物在旅途中跨越的距离虽令人惊叹，但有些问题仍旧没有答案：琥珀饰品、丝绸衣物的碎块、古希腊双耳陶罐的碎片和船只残骸，所有这些都是经济全球化的见证吗？那些用船运送货物和打听货物的人以及他们的消费行为，真的创造了一个名副其实的经济世界吗？这样问的人得从遥远的地方讲起——奢侈品的运转以及真正上层社会的个人奢华还造就不了全球经济。在全球经济下，相隔遥远的地方彼此紧密相连，以至于脱离对方自己就无法生存。因此，在下面的章节不得不谈一下古代经济的效率：工作效益（第四章），机构的运转（第五章）和资本的重要性（第六章）。

第四章

工　作

当丝绸、胡椒等货物在希腊化时期就已经绕过大半个地球时，却很少有人注意到，绝大多数人都在农业领域苦苦谋生：不管是在自家农场从事自然生产的自由小农，某个大庄园的奴隶，还是自罗马帝国时期中期起那些不能脱离地主的土地的半自由佃农。还有一些人为工匠，他们和少数奴隶一起经营自己的手工小作坊，另有一些人在采矿场和采石场做苦工。大多数人从事生产是为了自己的需求或当地的市场，而不是进行远程贸易。

téchnē[①]：人类怎样进行生产

对于人类有更多的方式谋生这个问题，腓尼基人在铁器时代便做出了示范。希腊人紧随其后，生产出精美的工艺美术品。他们制造出一种更物美价廉的物品以代替腓尼基的由贵金属制成的成套餐具——彩绘釉陶。刚开始时，这种陶器在风格上还完全仿照那些金属样板，并取代这些样板成为进口的货物。科林斯可谓陶器制造的先驱，这里的黑彩细陶曾在公元前 6 世纪出现在地中海周边的贵族家庭的桌子上，此外，科林斯还出口武器和香水。稍晚些，将近公元前 550 年时，雅典取代了竞争对手科林斯，成为首先是黑彩、随后是红彩陶器的最重要的生产中心。科林斯产的黑彩花瓶是有个体制造者信息的首批历史物件，其中一些人我们甚至能辨认出他们的名字。这些有署名的物件，明确地说明了工匠们对自己的工作引以为豪——尽管它们的生产者，有时甚至可能作为不自由的技工（bánausoi[②]）享有着这种极

---

① 希腊语，是"工艺、技能"的意思。

② "bánausoi"一词源自希腊语"βάναυσος§"（"熔炉"的意思），该词最初指以铸造为业的人或在铸造工场工作的人；含贬义，主要指古代社会的工匠以及从事实用艺术（或称工艺美术）的艺术家等生活不自由、靠体力劳动而非脑力劳动谋生的群体。

低的社会声望。

将近公元前 6 世纪末，雅典大约有 200 人在细陶行业工作，包括陶匠、画师以及他们的助手。他们占城市总人口的比例几乎不超过百分之一，却生产出阿提卡[①]出口的绝大部分产品，其生产和销售都是在手工工场。这种工场中的绝大多数，包括所有小工场，都集中在凯拉米克斯城区，该城区也得名于这些陶工工场。连科林斯也有它的"凯拉米克斯"，这是一个陶工区，位于极好的陶土坑附近，从此处出发也能很快到达可耕地。很明显，很多陶工在这里是兼职工匠，他们还没有完全脱离田间劳动。尽管制陶需要专门胜任此工作的工人，但其工艺却仍然建立在青铜时代早期的一项发明基础上：陶工旋盘。这些工场也实现了分工的最小化：陶工则在旋盘上制作好器皿，画师绘好图，助手们在熔炉旁和货仓里工作。

腓尼基人的手艺更受先决条件的限制，它取决于稀缺原料是否可用，比如象牙和贵金属必须从遥远的地方才弄得到，或是从骨螺中获取紫色，生产起来非常费劲。这种骨螺大量出现在黎凡特海滨，人们用捕鱼笼活捉它们，然后会取出每个骨螺的腺体——骨螺靠这个腺体分泌出一种白色黏液，人们通过复杂的程序，将这种黏液腌制、

---

① 雅典所在的行政大区。

煮沸，使其变成无色染料，然后用它浸泡纺织品。不过，只有将这些料子放到阳光下，它们的紫颜色才会显现出来。将一千克羊毛染成紫色，需要数千只骨螺，数百个工时。

由于价格极高，紫色布料成为地位的象征。早在公元4世纪早期，紫色丝绸就以每磅15万迪纳厄斯的价格，位列戴克里先价格令列举商品之首。因此，普通民众都买不起，相应的，上层社会的人都希望得到。但是，一件物品并不总是那么容易就充分展示出自身的价值，尤其在涉及艺术时，人们对什么是美、什么高贵、什么昂贵的观点经常会有分歧。伊特拉斯坎的精英们所关心的问题与希腊精英不同，与亚述贵族的也不同，凯尔特人的部落首领又有他们自己的喜好。有些特定的陶工场的产品在某些圈子中很受重视，生产者不得不迎合他们的销售区域。比如尼克斯特内斯——公元前6世纪晚期雅典一个陶器工场的经营者，专门生产陶器并出口到伊特鲁里亚①。无论如何，总是有个普遍的准则确定了哪

---

① 也译作伊特拉斯坎、伊特鲁利亚、埃特鲁利亚、伊楚利亚，是位于现代意大利中部的古代城邦国家。伊特鲁里亚文明是距今2000至3000年前伊特拉斯坎人创造的古老文明，分布在亚平宁半岛的中北部。公元前1世纪，伊特鲁里亚被罗马吞并，随后在历史中湮没，但伊特拉斯坎人却对古罗马以及后世的西方文明产生了深远的影响。

些主题从美索不达米亚直到伊比利亚半岛适用，而且在典型的贵族生活圈（尤其是狩猎和战争）展开。

不过，人们并不是对所有的成品都像古风时期和古典时期的彩绘细陶那样，投入了那么多金钱、精力和智慧。在标注的另一端，似乎有以原工业化方式生产的物品，它们能够以不太高的成本和可观的数量被制造出来，并在精英阶层的小圈子以外找到销路。早在公元前 6 世纪晚期，科林斯的工匠们就已经将陶土坯件压制成凹形模子，以便成批生产赤陶小雕像，即女性雕像。只有生产这些模子需要技艺精湛的工匠，制作原来那些雕像、绘制图形这些活，受过短期训练的人员就可以完成。在希腊化时期，主要表现上层社会妇女的小雕像很受欢迎，这种雕像根据维奥蒂亚①的一个制作中心命名，也被称为塔纳格拉雕像②。这些小雕像是那个时代美的典范，被用作殉葬品，可能还用作还愿供品及护身符。此外，亚历山德里亚、塔兰托、西西里岛和小亚细亚的手工工场，都能满足整个地中海地区居民持续不断的需求。塔纳格拉雕像是早期的大批量生产的范例，它们从少数几个生

---

① 希腊中希腊大区的一个州。

② 这类雕像最初都是在希腊中部的古镇塔纳格拉的墓穴中挖掘出来的，因此被称为"塔纳格拉雕像"。

产工场被传播到整个地中海地区。

　　维奥蒂亚赤陶小雕像的成功，也带动了罗马时代大约从公元前50年开始广为流行的红釉餐具的生产，今天的研究界将其称为"印花纹陶"①。这是一种精美的、表面有些光滑但通常带有浮雕图案装饰的器皿，在烧制之前被裹上了釉陶土涂层。这一技术来源于东方——在那里它被称为"东方陶器"，于公元前2世纪第一次在安条克周围的地区流行起来。公元前50年左右，伊特鲁里亚的亚雷提恩（现在的阿雷佐）成为生产印花纹陶的中心。这项新技术如何到达意大利中部的，是移居到此的陶工带过来的，还是复制东方的模板？对此我们一无所知。不过，这些有代表性的，也因高效的生产过程而让购买者消费得起的器皿，很快在整个西罗马地区大受欢迎。

　　很多这类器皿都带有生产者印上去的印章，这个印章也确保了某些"牌子"被重新辨认出来。借助这些印章，罗马帝国时期早期的亚雷提恩约有110家工场的存在得以被证实。从日耳曼的罗马军团驻地哈尔滕和上阿登出土的文物上标注有日期，因此这些器皿能够按照时间顺序被归类。那些表面光滑的器皿上仅带有陶工工场

---

　　①　也有译作"红精陶器"和"赭色黏土陶器"。

的印章，而浮雕装饰的器皿还带有陶工的签名：像尼西弗鲁斯、腓利门和塞尔多——后者是第一个让印花纹陶上的浮雕装饰流行起来的人，这些装饰采用的主题大多取材于神话——这些人都是奴隶，他们可能都出生于使用希腊语的东方。

塞尔多和这些人都是高水平的专家，不仅掌握了技术上的实用知识且具有艺术上的创造力，还具备了丰富的希腊神话知识。有些工场同时有几十个这种极其宝贵的专家，还有人数众多的初级陶工、画师和烧制工为他们做准备工作。相应地，大量资金的使用束缚了印花纹陶的生产，各个工场不得不共用窑炉等设备，甚至还可能共用人手。这样一来，人们至少可以解释得通，为何有些签名表明某些陶工是两个主人的奴隶。许多特别出名的陶工在获得自由之后仍然忠于这个行业，因为单是从自由劳动力方面来讲，这项陶工旋盘和窑炉旁的工作也一定是有赚头的。

尤其在直至公元前50年臣服于恺撒的高卢，阿雷蒂纳（在古代细陶就这样叫）很快便成为当地上层社会餐桌上证明人的地位的象征，人人都渴望得到它。在公元前30年前后，阿雷佐产的餐具就已经在整个高卢流行。不到10年，专门生产印花纹陶的工场便如雨后春笋般，尤其在高卢西南地区涌现：那博讷、布拉姆、蒙唐，特别是格罗弗桑克，成为当地生产这种陶器的中心地带。这些新工场很多可能是作为意大利那些陶器工场的分厂出现的，就像在莱昂—拉姆埃特的陶器工场，它归阿雷佐的阿泰乌所有。

刚开始，高卢的生产者们竭力忠实地仿制意大利的器皿，直至公元元年前后他们也不费吹灰之力地做到了这一点。随后，高卢的印花纹陶在风格上便不再受这些样板的束缚，开始更多地从当地传统的式样和装饰中取材。由此，一种全新的、高卢所特有的风格便得以形成，这种风格很快便走出高卢，在西班牙、日耳曼尼亚、不列颠和多瑙河地区流传开来，公元1世纪甚至开始了在意大利与阿雷佐的器皿竞争。在高卢，众多河流均可通航，生产运输因而变得更容易；数目庞大的各个陶器工场的产品，便能低成本地抵达目的地或是地中海沿岸的海港，从这些海港再被用船运到远方的沿海地区。再加上陶土这种原料较容易获得，使得高卢的产品在很多地区都极具竞争力。

公元元年前后，在格罗弗桑克这些陶土丰富的矿区，呈地区性地出现了一种由数百家制陶工场组成的真正的单一化结构。和在意大利一样，这些工场共用窑炉。从此处所建窑炉的大小（最宽达四米、最高达三米）能看出所计划的生产量。由于另外一项革新降低了用工量，制陶工场的巨大产量才得以成为可能。器皿被压进模壳，人们只需在旋盘上制作里面的部分。在这里，更多的分工也意味着更小的生产成本。

在格罗弗桑克，人们发现了约30块印花纹陶片的"档案"，在这些陶片上，使用了一种混杂着拉丁语和凯尔特语的特有语言记录了陶工名字、器皿类型、大小和件数。尽管这些文本没有被人们彻底读懂，但有一点看来是肯定的，即这是一位将窑炉有偿提供给陶工们使用的窑炉经营者在作清单算账。很明显，高卢的工场不像意大利的工场那样有奴隶可供备用。工匠们是自由民，甚至有可能是独立经营的小企业主，这些小企业主能经受得往与意大利那些更大的工场的竞争。

在高卢，当地生产印花纹陶的成套贵重餐具越发成功，与此同时，这一产品（从纳尔榜南西斯①逐渐向北传播）失去了它的专有性，像之前在意大利那样，进入到越来越多中间阶层的家庭。"罗马式"（alla

---

① 罗马行省，位于法国南部，大致包括今天法国的普罗旺斯、鲁西永、比利牛斯部分地区，全称 Gallia Narbonensis，或译为：那旁高卢行省、纳尔榜南高卢行省、奈波高卢行省和南法行省等。

romana）的贵重成套餐具在公元 1 世纪的高卢虽然还不完全是"穷人的奢侈"（格雷格·沃尔夫语），但是那些不属于上层社会的人，此时同样竭力用餐桌上的物件来表明自己作为罗马人的身份。这样看来，城市化、罗马化、经济的繁荣和当地手工业的复兴，是罗马占领高卢所带来的同一进程中的不同反映。

类似地，玻璃的重要性也发生了转变。玻璃器皿在罗马共和国时期只有有钱人才买得起，不过从罗马帝国早期开始，这种透明材料便进入大众市场，其原因在于鼓风管的发明和原料的化学组成得到了优化，这些让生产大件的器皿也成为可能。玻璃吹制工艺能手可以凭借他们的特殊技能发财，正如莱昂的玻璃制造人尤利乌斯·亚历山大的墓碑中所证实的那样。

在希腊和罗马，独立经营的小工场领域主要是手工业、工场所有者及其家庭成员，可能还有几个奴隶在这些小工场工作。不过同时可能还有其他的产权关系，尤其在资本更密集的行业，其所有者往往将工场出租给转包商，转包商要么依靠自己的工人经营管理这些工场，要么继续将其出租。所有者们没有借助投资将他们的工场的规模扩大，而是更愿意让自己作为资本享有者获取收益。不过在纺织生产中还存在分发加工包销体制的征兆。羊毛首先由女奴纺成线，然后由织布工人以家庭手工劳作的方式加工成布料。连资金雄厚的投资者（也包括整个国家）在罗马帝国时期所热衷的，也局限于那些需要更大投资的产业：制造像印花纹陶这样大批量生产的产品，但也在采矿和武器生产领域中不断摸索。

资源利用：大自然的丰富

对于马克斯·韦伯而言，古希腊—罗马文化是一种文明的沿海文化，古代所有大型的人口稠密区都在"我们的海"（mare nostrum）附近。与之对应，对海洋加以有效利用是最重要的，尽管地中海并不是世界上盛产鱼类的海域，但是鱼始终是一种重要的资源。海洋不仅产鱼，盐也可以从海中获得——没有盐，食物便无法长久保存。鱼和盐是制作鱼酱的主要原料。在地中海西部、今天的摩洛哥、伊比利亚半岛和布列塔尼半岛，生产鱼酱和腌制鱼是当地居民重要的经济来源，特别是在公元1世纪和2世纪，为了搭建庞大的、为出口而设计的生产设备，将巨额资金都投入到这个生产领域。这些设备已有很多被考古学家发现，借助它们，人们可以推测到古罗马充分利用海洋资源能够达到哪种产量。迄今发掘出来的最大的手工工场，是位于特罗亚（现为葡萄牙里斯本地区的塞图巴尔）的工场和位于普洛马克（现为法国菲尼斯泰尔省的杜瓦讷内）的工场，虽然其生产设备多达数百立方米，但是大部分设备的体积要小得多。很明显，在一个如此重要、以成批生产为目的的行业，像鱼类加工那样，小型和中型的工场是标准的，而大型的、资本密集的生产设备却是个例外。

与促进鱼酱生产和印花纹陶生产相比，罗马帝国的扩张更直接地促进了一个经济部门的发展，即在采矿场开采金属，帝国的国家利益至上原则和开采贵金属紧密地结合在一起。皇帝要付军饷给士兵，而且钱币——或者说，第一古罗马帝国时期以最重要的名义收入的迪纳厄斯是银制的。为了能给士兵发薪以确保他们的忠诚，让这一金属不断涌入帝国是绝对必要的。自罗马帝国时期早期开始，开采矿石是作为国家垄断被组织的，来自骑士等级的皇帝代理人负责监督采矿场的收款并看管采矿场的经营，而在罗马共和国时期，有的零星采矿场曾是私人财产。有时候，代理人也管运输矿石的技术细节。来自葡萄牙维帕斯卡（阿尔茹什特雷尔附近）的两块青铜板表明，在哈德良时代，地方的代理人是如何把采矿场分成微型农业用地出租给转包商"conductores"，或者出租给独立经营的矿工"coloni①"的。代理人细致入微地监督采矿场的组织,且还控制了如从理发师到公共浴场等日常生活中的所有领域。这些"coloni"首先带进来的可能是他们的劳动力,对于他们而言,全力投入到采矿场的工作几乎不会是资本密集型的。个别采矿场被罗马军队开采用来满足国内的需求,但大多数时候可能是稍大一点儿的私人企业租用了这些采矿场,再由皇帝的官员监督这些私人企业的经营。

不管怎样,采矿业和类似地被作为皇帝垄断管理的采石业的统一组织像代理人的上级中央"机关"一样少。显然,皇帝让采矿场灵活地适应当地的情况,其组织形式视工人的可支配度和技术要求,可能还有被开采矿石的价值而定,最终根据不同采矿条件来开采。矿石往往被露天开采,或者人们把水运过来,通常情况下是用高架引水渠和水管对土壤进行冲洗。在技术上要求更高的是井下采矿。竖井和坑道必须人工挖掘,没有光,几乎没有通风,旷工们最多用点简单的力学辅助工具将自己、矿石和矿脉上面的地表层从竖井中运送出来;由于升井过于费力,矿工们常常在井下过夜。无论如何,为了将井下水从竖井中导出来,可借助阿基米德螺旋泵的工具

---

① "租户"的意思。

供使用。和开采条件、组织完全一样，其劳动的方式也根据各自的情况有所变化：干活的人除了和维帕斯卡那样自行承担责任的"coloni"之外，还有人数较多的奴隶、被判强制在采矿场劳动的服刑人员用以替换。一般适用的是，采矿场可以有足够多看起来正当合理的自治权。

类似地，在古希腊也这样组织采矿。获利特别大的是开采阿提卡南部劳里厄姆①的巨大银矿和铅矿储藏，公元前6世纪，在僭主庇西特拉图的统治下，那里有很多家矿场开始运营。雅典城邦将矿井租给私人雇主，当公元前5世纪和公元前4世纪采矿业达到鼎盛时期时，这里可供私人雇主使用的奴隶最多竟达3万名。这些无人身自由的矿工并非都属于矿场经营者，他们中有一部分雅典公民所有，这些雅典公民以出租他们的奴隶来获取利润（色诺芬《雅典的收入》第四章,第13—51条）。这样，政治家尼基亚斯将1000名奴隶租给色雷斯的承包者索斯亚斯，由此获得每个奴隶每天1个奥波勒斯②的利润：他每年有总计收入达10个塔兰特③的款项。色诺芬给雅典

———————

①　又译"劳里昂""劳利昂"（Laurion），均指同一地方。

②　古希腊一种小银币，6个奥波勒斯等于1个德拉克马。

③　又译为"塔兰同""塔兰""泰伦特"。"Talent"作为货币单位时，指的是和1个塔兰特同重的黄金或白银；作为重量单位，1个古希腊塔兰特相当于现在的26千克。

人的建议是，国家应该鼓励那些靠租金生活的人，以便借助出租奴隶给矿场雇主来整顿崩溃的国家财政。

从勘察、开发矿床到冶炼，矿冶业是一个要求投资者长期坚持、在经济上和组织上都投入巨大资本的经济部门。在古代，很多矿藏都紧挨着地表层。有时候，人们不得不搬走巨大的泥块和岩石块，井下开采在技术上的要求更高。在西班牙的罗马矿工们向直至 300 米的深度推进，他们靠双面锤和铁器（矿工们常用的手工工具）为自己在岩石里开辟出道路，用篓子或口袋将开采出的材料背出矿井。在竖井开辟成坑道入口的地方，矿工们使用了爬梯、绞盘和辘轳。

随后，被开采的矿石必须在手工驱动的磨臼中捣碎，在盘状凹地或凹槽中冲洗，并在干燥室烘干，以便选用，为冶炼做准备。考古学家在劳里厄姆开采区考察到洗矿的整套顺序，开采区中最大的达 13×14 米，且拥有大型蓄水池，洗矿石所必需的水被收集在这些蓄水池中，它们被放置于一个由木制凹槽和污水沉淀地构成的多级系统中冲洗，在这些装置中，重一点的矿物与轻一点的物质会被分离开来。

冶炼金属矿石的温度必须高于 1000 摄氏度，这在由陶土建成或有陶土涂层的熔炉中便可以实现。熔炉中被装入一层层矿石和燃料，必须用由炭窑生产的木炭给熔炉生火。在古代，木材一般都是最重要的燃料；大约在罗马帝国时期早期，罗马人烧掉了很多木材，以致当时的空气污染问题已经接近近代的污染程度，对北极地区的冰进行深度钻孔就表明了这一点。使用木炭，其相应的工艺可以达到冶炼所必需的燃烧温度，风箱或烟囱具有输送熔炉中的氧气的作用。

采矿和冶金工业首先需要很多技术上的实践知识、分工组织以及能源、水和劳动力的持续可支配度。像索斯亚斯这种作为承包者租用和管理国有矿井的矿场经营者，有数千名奴隶可供使用，正如色诺芬让我们所确信的那样，这在雅典绝非个例。但是同样在矿冶业，新创造的价值链得以继续进行，归根结底靠的是大量经营小型和中型矿场的雇主，他们进行运输、供应木炭、从事洗矿、协助勘探，甚至还像在维帕斯卡那样接管勘探工作。

刀 剑

金属开采不仅是生产钱币的基础，而且也具备战略上的重要性，因为大多数武器都由金属制成。如果罗马要控制某个经济部门，那便需有军队装备的生产。因而罗马帝国时期逐渐出现了一种正规的军事和工业复合体，这一复合体使其他行业部门在活跃度、经营规模和效益方面相形见绌：假如皇帝们干涉经济事务，那么，他们这样做便可以提升自己帝国的军队战斗力，而并非为了改善经济结构上的政策。罗马军团的士兵们从国家那里获得财政补贴，用于自行购置武器和装备物。作为军事上的行家，他们能否生存下来依靠的是自己的盾牌或刀剑，他们对其质量和价格肯定都非常了解。据考古发现证实，当时，罗马帝国时期的军团自己经营武器制造和维修。每个军团营垒都配有一名刀剑制造匠，他能在自己的工场完成相应的工作。在很多营地发掘出的铸模和其他器械，都表明当时的人曾对金属进行过加工。

罗马帝国时期早期，大多数武器还是产自私人小工场，这些工场往往设在军营周围的"军团镇"[①]和辅助军的要塞村。招募和培训士兵的后方也有武器生产

---

① canabae legionis，罗马帝国早期军队主要分军团 (legiones) 和辅助军（auxilia）两部分。前者由罗马公民组成，后者往往从行省当地人员中招募以协助前者。军团附近的大定居点往往被称为"镇"(canabae)，辅助军附近的小定居点叫作"村" (vici)。

中心。被考察研究得比较好的，是奥古斯都时代定居点的锻工场，定居点紧挨着克恩顿的玛格达伦斯贝格（诺里库姆省[①]），位于重要的铁矿矿藏诺里库姆铁[②]附近。此外，人们还在这里制造头盔、剑鞘、皮带和胸铠。在位于克恩顿奥尔山上的一个民用定居点，人们发现了张力环的陶土铸模，这种张力环被用在扭力弩炮上。

在上古晚期，军队便接管了武器的生产，自行管理。在帝国境内，专门生产某种武器和器械的武器工场遍地都是：《百官志》（*Notitia Dignitatum*）中列举了提奇努姆（即现代的帕维亚）的一家生产弓（arcuaria）的工场、奇里乞亚的艾琳诺波里斯的一家生产长矛的 hastaria[③] 和位于威尼托的现在仍叫孔科尔迪亚萨吉塔里亚的一个标枪制造点。不过这些工场没有一个被考古学家勘探到，也无人知晓它们当时是如何组织的。

---

① 原文为 Magdalensberg in Kärnten (Provinz Noricum)。诺里库姆为罗马帝国行省之一，公元前 16 年，罗马帝国的军队入侵阿尔卑斯山以东和多瑙河上游，征服了当地居民，建立了雷蒂亚和诺里库姆两个行省，领土范围大概在今天的奥地利与捷克的部分地区。玛格达伦斯贝格是当今奥地利克恩顿州的一个市镇。

② 原文为 ferrum Noricum。

③ "客栈""酒馆"的意思。

尽管如此，上古晚期的武器工场可能是古代的、生产行业中最大的工场，比阿雷佐的陶器工场大，也比专门从事腌鱼和生产鱼酱的工场大。皇帝们不再将生产军备物资委托给对其他经济领域产生影响的小型和中型生产者，因而国家只在军备行业上放弃了它一贯的限制，致力于直接经营武器工场，直接从事行业生产。

犁　头

古代只在农业上有名副其实的大型工场。使用大量奴隶或半自由工人经营的大型农业庄园，在古希腊，尤其是古典时期晚期的希腊就有了，在希腊化时代的西亚地区和埃及、迦太基的北非也有，受其影响，在古典时期晚期、希腊化时期的西西里以及共和时期的意大利都有这种农庄。从古典时期的希腊开始，这些工场的规模就不断增长，在面积不大的阿提卡，一块面积为10公顷的地产已经相当大了，而在公元前4世纪，色萨利的工场已达到其50倍的大小。生于小亚细亚亚朔的阿里斯托迪基德斯——塞琉古国王安条克一世的宠儿，在大约公元前3世纪中期时将面积为600公顷的土地归并为自己的地产；而一位叫阿波洛尼奥斯的人，差不多同时作为"财政部长"（dioikētēs）为埃及国王托勒密二世效劳，在法尤姆省拥有一块面积为 2500 公顷的地产，在埃及其他地方还另有地产。

　　类似地，地产逐步往罗马鹰旗的名下集中，在共和时期末期尤为迅速：公元前 150 年前后，罗马元老院元老昆图斯·埃流斯·杜贝罗的地产面积为 200 "尤格"①（50 公顷），他那时还夸耀自己的地产面积宽广。几十年之后，骑士提图斯·威提乌斯的庄园就已经拥有 400 名奴隶，与此同时，他的地产可能超过 3000 "尤格"。罗马帝国时期的农业巨头所占有的地产更是多得多。公元前 8 年，盖乌斯·凯西利乌斯·伊西多乌斯——凯西利·麦特利的一个被释放的奴隶，留给他的继承人 6000 万塞斯特斯银币②、4000 多名奴隶、7200 头公牛和超过 25 万头牲畜，他的地产可能多达数千公顷。我们还了解到，有将近数亿迪纳厄斯投资到耕地（如奥古斯都的海军将军卢修斯·特里乌斯·卢孚斯）又全部失去的人。

　　不过，罗马"大庄园"极少是固定的资产，也有可

---

　　①　原文为拉丁语"iugera"。

　　②　原文为"Sesterz"，古罗马一种小额白银辅币，相当于四分之一个迪纳厄斯。

能是分散在好几个省的地产。比较有名的人物是古代晚期的梅拉尼娅，她致力于节制的生活，为了做慈善，她将自己的地产连同动产变现，还给了至少8000名奴隶以自由。变卖的地产位于意大利、北非和西西里（杰隆提斯《神圣的梅拉尼娅的生活》）。显然，罗马的地产所有者们更愿意把资产投到中等大小的、一目了然的别墅，而不是巨大的工场。

管理农场在古风时期的希腊就已经是一个让诗人和思想家绞尽脑汁的话题。赫西俄德的教育诗《工作与时日》作于公元前700年前后，是现保存的最古老的农业指南。雅典思想家色诺芬的《经济论》（大约写于公元前430—前355年）则系统化得多，它是在哲学基础上有关管理农业预算的入门书。这本成书于公元前4世纪的内容是以苏格拉底与克利托布勒斯、伊斯霍玛霍斯的对话形式来展现的，致力于土壤学，同样还包括如何挑选适当的人员和性别担当何种角色。最好的预算领导机构应是高质量的，正如某位统治者或统帅所要求的那样。在色诺芬看来，高质量要比技能更重要，但是应以全面的教育为前提。

在罗马，布匿战争（公元前264—前146年）很快为随后近300年的文学经历全盛期创造了双倍的先决条件。首先，西西里的罗马人在那里接触到了由迦太基人经营的大型农场以及与此对应的实践知识，公元前 2 世纪，迦太基农业作家，罗马人玛戈的著作在罗马被翻译成希腊语。其次，长年战争使得意大利的地产空前集中，大地产虽然没有全面替代小农工场，但在罗马共和时期和帝国时期的意大利却是典型的。

恰恰是老加图（公元前 234—前 149 年）敢于让他的同胞们了解如何合乎时势地管理地产。在他的晚年作品《农业志》（*De agri cultura*）中，这位保守的元老院元老专注于一件事情：通过给出理性经营的指导，协助保障执政的罗马显贵的物质基础。不同于色诺芬书中的观点，加图的出发点是典型的罗马人，是完全务实的：一个庄园生产的关键取决于它所处的位置，它首先应该位于交通方便的地方，使得产品可以毫不费力地被运往市场。挑选出认真负责的、具有管理才能的经管人也很重要，土地所有者会将自己的庄园交给经管人照料。老加图建议，应该分配给奴隶最必需的食品和衣物，就这一点，在他的经营管理理念中，维持奴隶们的劳动能力应是重中之重。用今天的眼光看，为了得到诸神的好感，老加图的建议令人觉得很奇怪；不过对于一个保守的、还生活在完全由超自然力量支配的世界的罗马人来说，神助的保障当然也属于理性经营的准则之一。

继色诺芬、玛戈和老加图之后，还有两部农业著作：《论农业》，博物学家马库斯·特伦提乌斯·瓦罗（公元前116—前27年）的晚年作品，和西班牙人科鲁迈拉（死于公元70年）的作品同名。两部著作都趋向于加图的样板，主张人们过简朴的生活，反对奢侈腐化。瓦罗强调畜牧业的重要性（也包括养鱼），科鲁迈拉同时还详尽地论述了葡萄等水果种植和园艺，其内容论述重心的侧重点，反映了罗马共和时期最后200年间古意大利农业结构的急剧转变。在主食谷物生产越来越多地被转移到各省的同时，意大利的农场（尤其是在首都范围内的），不断地转向生产营养价值高、能在罗马市场变现的食品，如葡萄、油、蔬菜、肉和鱼。农业作家们，特别是瓦罗，仍然反对单一种植——确切地表明这种种植方法是在传统耕种形式的基础上被传播开来的。

总的说来，古代其他经济部门所适用的，也适用于农业：越来越多的大型农场与小一点的单元并存，后者在各方面对农田完全起着决定性作用。越来越多为不同等级的市场工作的供应商与根植于自然经济的生产者合伙结成大型农场，这些大型农场具有数千名人手、巨大的资金投入和进行高度分工的生产过程。这些农场和那些小的农场存在的目的当然是通过经营以营利。罗马的农业作家们一致建议，通过有针对性的投资来提高"罗斯卡别墅"①的营利性：要是让他的农场荒废，有亏损就不足为奇了。事实上，罗马的农业缺少长期的投资，尤其在农场被租赁、租赁人害怕合同期满时失去投资的时候。当时皇帝的一贯做法是将自己的领地租给大租户，而且在上古后期，租赁的重要性逐渐提升，其程度与后者相同：自由的但受土地束缚的小租户作为被大量使用的劳动力替代了奴隶。

通常没有资金投入到农业（在其他经济部门也是如此）的劳动力节约型技术，其主要原因之一也可能在于劳动力廉价的可支配程度。不过，无论如何，技术进步了，而且也被运用到经济领域中来，比方说用于研磨技术：谷粒早就被直接用一块置于平板上的石头碾

---

① 原文为 villae rusticae。罗马别墅为罗马共和国时期和罗马帝国时期罗马上流人士的乡间别墅，据老普林尼的记载，罗马别墅有两种不同的类型：villa urbana 位于罗马（或其他城市）的郊区，一般只需一夜或两夜就可从市区到达。这种别墅还带有农场，平时由仆人使用。另一种别墅则是 villa rusticae,只在特定季节使用。

磨；在古典时期的希腊，利用棍子的杠杆作用的推磨第一次出现，磨盘被固定在棍子上方。从公元前 2 世纪起，用驴推的转磨首先在地中海地区西部得到使用，这种转磨如今在庞贝古城遗址中还能参观到。又过了 200 年，人们开始初次做水磨试验。它与罗马的供水技术结合在一起，意味着其工作效率的一次巨大提高：具备多个石磨的大型生产驻地得以实现。不久前，考古学家在法国南部的阿尔勒附近的巴贝加尔发掘出公元 3 世纪末的这样一个建筑群。

时至今日，高架引水渠仍然是罗马工程学的标志。引水渠不仅能为城市提供饮用水，还可以灌溉旱区的耕地。在地中海以东的国家，罗马人开辟了农民们长期不再耕作的农业区，比如北叙利亚的石灰岩山脉，那里所谓的"死城"今天仍能够证明古代晚期曾经达到的、令人惊叹的居住密度，抑或同样也在叙利亚的浩兰。这是一座气候极为干燥的玄武岩山脉。罗马人在岩石中耗资挖出巨大的蓄水池，用来收集少得可怜的雨水——至少水量足够在这里从事耕作。在叙利亚的其他地方，罗马人动用了公元前 1000 年前后在今天的伊朗所使用的一项发明：通过一个由竖井和坑道组成的系统——被称为"坎儿井"（qanat），从山中将位于那里的紧挨着地表下层的地下水引到平原，以灌溉平原上的田地。伴随着"罗马和平"（pax Romana）给予的政治稳定，这些被当时的人们冥思苦想出的灌溉系统得以实现有效利用，在罗马帝国时期的叙利亚，农业使用面积可能比今天的要大。

第五章

机　构

"首先弄到一间房屋，然后弄到一个女人和一头耕牛"，诗人赫西俄德在公元前 700 年前后所写的教谕史诗《工作与时日》（第 405 行）中这样写道。这是从古风时期的希腊穿透到我们现代的最早声音之一。从黑暗时代到希腊古风时期的过渡中，诗人在足足 800 句六音步诗行中讲述了当时的人们日常生活中的知识，以及关于谋生，尤其是农业方面的知识。像所有早期社会一样，农业是古风时期绝大多数希腊人的生存基础。这所"房屋"oikos，在没有今天意义上的国家和法律、没有作为支付手段的金钱束缚下，有的却是相互靠近的人们彼此间极为紧密的联系纽带。在这样的现实中，"房屋"

是人们生活的中心、保险和安全之所，简言之，它是人们生活、工作、团结和命运的共同体。因此，弄到一所"房屋"是赫西俄德给他的读者们最迫切的建议。

oíkos

从赫西俄德的长诗中我们了解到，贫困和饥饿是oíkos这所房屋的"常客"。诗人解释说，以前人们在田间劳动一天就足够装满一整年的粮仓。宙斯结束了这种状况，让人类担负辛劳。于是，沉重的田间劳动成为人们应对困顿的最好保证："……愚蠢的佩耳塞斯啊，勤奋地工作吧，去做诸神为人类指派的活儿，免得有一天你领着妻子儿女，心中满是悲苦凄惶，在邻居那里讨求食物，而他们却犹豫不相助。"（第 397—400 行）①在这里，赫西俄德向我们透露了 oíkos 所遵循的基本原则：经济上的独立，自给自足。希腊早期的房屋共同体，表明了生产和消费的严谨一致。人类在 oíkos 中所需要的，大部分由他们自己生产；只有剩余的他们才卖出去。

在希腊，生活在一个屋檐下的，不仅有由家长、妻

---

① 译文参考汉译本有改动，见《工作与时日·神谱》，〔古希腊〕赫西俄德著，张竹明、蒋平译，商务印书馆，1991 年。

子和孩子组成的核心家庭，还有一个由双重目的联系起来的更大群体，一是物质财产的获取和增多，二是物质财产被用于创造"美好的生活"，正如色诺芬在他的著作《经济论》中所表述的那样。不对等的人之间的团结将这所房屋凝聚在一起：男人和女人，以及主人和奴隶。尽管奴隶无人身自由，但他们却是这个共同体不可分割的部分：作为 sṓmata（"躯体"）或 andrápoda（"类似人的足类"）受外来支配，仅仅在种属上和人类属于同一族。

与希腊 oíkos 的这种状态可以相互比较的，是古风时期罗马的 familia：它也是建立在婚姻基础上、奴隶影响下的团结和命运的共同体。familia 有别于 oíkos 的是，具有罗马一家之长（pater familias）的那种不受任何限制、希腊不曾有过的惩戒权形式，即父权（patria potestas）：女儿们会遵从它直至出嫁，儿子们会遵从它直至父亲死亡。像在希腊那样，这种房屋共同体在罗马的存在也是为了"美好的生活"：在实践中，这意味着一些"贵族"房屋的当家人能免于日常的辛劳，正如赫西俄德所描述的那样。对于这些男人而言，它关乎的早已不是保证最低生活水平的问题了。他们组成了一个"有闲阶级"（leisure class），财富让他们有能力去参加典型贵族阶层的活动：狩猎聚会、共同举办酒宴和战争，还有的人慢慢可以承担政治上的领导任务。

考古学表明，在古风时期的 oíkos 中，居住、劳动和消费这些方面也有共同之处。一所出自荷马和赫西俄德所在时代的贵族房屋，由围绕某一个内院的起居建筑组、马厩和储藏室组成。这种建筑群的真正核心是"中央大厅"（mégaron）——一个长方形的大厅，四面为长椅，中间有一个炉灶。人们在这里聚会，围成一个圈愉快地宴饮，从唱歌、作诗和聊天中得到消遣和欢乐。

希腊人称为 sympósion、罗马人称为 convivium 的筵席上举办的贵族仪式是人们见证友谊的宴会，同时又是炫耀财富的方式。这里经常酒流成河，人们使用的是精致的、装饰得特别华丽的成套的贵重餐具，坐在昂贵的桌椅上，让对方确信自己独具审美力。实际上，所有前现代社会都有这种形式的精英炫耀性消费——美国经济学家托斯丹·凡勃伦用"夸耀性消费"（conspicuous consumption）这个中肯的概念进行了证明。所有地中海邻国的上层社会都喜欢这种飨宴仪式：从腓尼基—阿拉米地区（在这里，酒宴叫"marzeah"）到意大利的伊特拉斯坎，再到伊比利亚半岛和地中海地区的凯尔特海沿岸。对于罗马上层社会宴会的奢华，佩特罗尼乌斯在他的写于尼禄时代的长篇小说《萨蒂利孔》中描绘了一幅千姿百态的人间图景。

特里马尔奇奥这个暴富的获释奴隶，在自己位于库迈附近的乡村别墅为一群形形色色的宾客举办宴会。在这次宴会上，无节制的行为最受大家欢迎。主人端上与众不同的、往往是异域的和客人们在短时间内无法适应的菜肴，而且他安排这些菜肴时宛若一位导演。让他特别引以为豪的是自己的厨师——一位打造美食的真正能手，善于将母猪肉变为各种其他类型的食物（佩特罗尼乌斯，《萨蒂利孔》70，2）："只要眨眼的功夫，他便能把猪生肠做成鱼，把肥肉做成林鸽，把火腿做成龟，把猪脚做成母鸡。"

国　家

早期美索不达米亚的"国家"在一定程度上是"唯一的家庭"，国王是它的最高领导；而在希腊和罗马，"国家"首先就不是比较强大的当家者的总和。oíkos 中也有贫富之分，但是没有哪个地方的财产分布得十分不均，以致由此产生了一个强大的、集权的君主政体。聚在"参议会"的贵族还有民众，像美索不达米亚、埃及和迈锡尼时期的希腊那样的权力集中不容许有——它们在国家形成的过程中就曾如此。罗马早期也是如此，国王制在公元前 500 年被左右加强，而贵族制则彻底被淘汰。

在希腊和罗马，拥有小型和中等大小地产的家庭一直影响着社会结构，这对政治的进一步发展十分重要：在希腊是对城邦产生作用，在罗马是对共和政体产生作用。与东方的帝国基本不同的是，西方所形成的社会中没有哪一个是围绕某个中央机构发展的；相反地，在希腊和罗马，其对抗的各种力量从一开始就处在影响力、声望和经济机会的竞争中。只有在希腊领土的以外地区，比如在马其顿，才能产生一个强大的君主政体。各地通常是一群地产占有者大权在握，而这些圈子可能已经涉及不同地域的人：从小范围寡头政治的圈子（斯巴达人，叙拉古①的伽莫洛伊②，还有罗马显贵）到较远的圈子（梭伦改革下的雅典）。在腓尼基和迦太基，寡头政治也取代了旧的君主政体，不过在这里为首的不是地产占有者，而是商人。事实上，对于古代国家谁说了算这个问题，答案可以有多种。

---

① Syrakus，又译作"锡拉库萨"。
② 叙拉古的大土地占有者，贵族寡头。

可是，"国家"究竟是什么？其最普遍的定义出自社会学家马克斯·韦伯：国家是建立在合法性基础上的，"人对人的统治关系"。而对于美国经济学家道格拉斯·诺斯来说，第一，"为获得收入"，国家"用一系列服务"（尤其是提供保护和公正）来"交换"。第二，国家通过界定产权的方法来决定谁在何种程度上可以支配经济物品，并利用这种可能性使自身收入最大化。第三，国家面临着潜在的竞争对手，这些竞争对手是提供同样服务的其他国家和个人；他们限制国家的垄断权，因为机会成本一旦超过某个可承受的范围，选民们便不会再向他的国家忠诚，国家于是便失去了它的合法性。现代国家凭借法律为财产提供保障，依靠军队、警察、判决、支付手段和交通路线等建立起一套让大宗买卖保持低成本并可以对其进行保护的基础设施。通过这种方法，现代国家便得以解决合法性的问题。

古代国家也有一套这样的基础设施，只是带有某些限制。诺斯所说的国家模型的优点在于，它把国家诠释为经济主体中的一个。现举两个例子来弄清楚，古代国家扮演这种角色时应采取怎样的态度，以及它们如何有效地完成诺斯所勾画的各项任务。第一个例子带领我们来到发展中的古代末期，来到戴克里先、马克西米安、

106

伽列里乌斯和君士坦提乌斯四帝共治的罗马帝国。四位皇帝用他们在公元 301 年颁布的敕令出台了一个包含 1000 多种商品和劳务的目录，并确定了这些商品和劳务的最高价格，且在整个帝国均有效。这样一来，一舍非尔（17.5 升）干豆价格为 60 迪纳厄斯；一古意大利大杯（0.547 升）批塞嫩葡萄酒的最高价格可以为 30 迪纳厄斯，相同数量的本地葡萄酒为 8 迪纳厄斯；一大杯啤酒则要 4 迪纳厄斯；买 100 个海胆需要支付 50 迪纳厄斯，而一大杯醋仅需 6 迪纳厄斯。对于异国的奢侈品，人们当然得花更多的钱才能得到：一古意大利磅（327.45 克）丝绸的价格为 1.2 万迪纳厄斯，染成紫色的毛线的价格为 5 万迪纳厄斯，染成紫色的丝绸的价格甚至高达 15 万迪纳厄斯。对比一下，一个农民包括伙食在内的最高日工资被规定为 25 迪纳厄斯，泥瓦工则赚其双倍薪水，一名 16 到 40 岁的男性奴隶所带来的利润为 3 万迪纳厄斯。

最高价格敕令可以从很多流传下来的东罗马帝国的希腊语和拉丁语铭文中见到，它不仅对古代晚期的价格关系做了充分说明，还表明了同时代的人对经济以及国家在经济中的角色如何思考。戴克里先和他的共治皇帝们给敕令附加了一个序言，解释了他们的动机。他们在序言中用冗长的文字表达了自己的哀叹之情：是不知足的贪婪支配了世界，使得暴利四处蔓延。皇帝们觉得不得不采取行动，因为商人贪求利润的欲念已经超过他们容忍的极限，已威胁到他们臣民们的生计。于是就出现了丧尽天良的哄抬物价者，他们利用歉收和饥荒做文章，并使士兵失去他们的军饷和所有的专用款项。为制止暴利、谋求公共福利（communis omnium），皇帝们为目录中提到的每一种商品和劳务确定了其最高价格，若供应商超过这一价格，最严重的可面临死刑的处罚。

皇帝们用这个敕令对一个实际的问题做出了回应。公元 3 世纪，由于罗马帝国长期以来的财政危机，罗马的主要货币迪纳厄斯银币的成色不断降低。在此之后，公元 270 年，因为不合逻辑地尝试将崩溃的货币体系放到一个全新的、坚实的基础上去，人们对皇帝们下令制定的货币的信任突然消失，其后果是物价疯涨，即便是自公元 284 年起执政的戴克里先，进一步实施的一次于公元 293 或 294 年生效的硬币改革也无法遏制。

流传下来的同时代人对价格敕令的唯一评价是全盘否定。"由于害怕，人们不再把任何可以出售的东西投放到市场，物价上涨更甚，直到很多法令消亡，这一法令随后也必然不再被使用。"基督教护教学家拉克坦提乌斯（约公元240—320年）如此评价这一法令的效果（《论迫害者之死》7，7）。戴克里先是基督教的迫害者之一，这位基督教神父在他的代表作《论迫害者之死》中描写了这些迫害者所受到的来自上帝的惩罚。

不过，今天的经济学家对此的评判也几乎一分严厉也不会少：皇帝们用一个上限砍掉了消费者价格，并以这种方式让许多商品的销售变得完全没有吸引力，正是这个敕令让各地的黑市很快繁荣起来。因此，拉克坦提乌斯指出这一法令引发一次大型流血事件也是可以理解的。然而在大多数的情况下，四帝们估计完全没有办法实施他们自己所颁布的价格。假设这一敕令有效果，大部分消费者并不能从中得到好处，而是要忍受最高价格带给他们的痛苦，最后，他们的工资也被冻结，黑市价格因而变得让人完全无法承受。文中特别提到的、得益于这一法令的唯一一个群体是士兵：只有他们享受到了一份固定的薪金；通过这个敕令，皇帝们想要收买的，首先就是他们那极其易变的所谓忠诚。

尝试用强制措施重建货币的可信度，也证明了（除了这一法令个别的设计错误之外）皇帝们对经济过程完全错误的理解。让单个主体的"贪婪"和"暴利"对"不公平的"价格负责的人，就没有理解市场和价格所构成的基本机制。他从错误的假设出发，设想一个公平的价格可以按照伦理的、规范的标准来确定，设想任何跨越合理界限的都是暴力和偷窃。四帝们带着他们对公平价格的教条坚守，置身于最佳的亚里士多德学派的传统中，但他们唯独克服不了货币危机。在不到 40 年里实施的三次货币体系改革（奥勒良统治下，约公元 274 年；戴克里先统治下，公元 293 或 294 年；君士坦提乌斯统治下，约公元 310 年），将税制根本性地转变为全帝国统一的、定期审查估价的 capitatio-iugatio（人头税和土地税，约 287 年）以及公元 301 年的最高价格敕令，这些措施使人感觉到，囿于价格暴涨和国家财政负担过重这两难困境中的皇帝们别无他法，只有借助于无计划的行为主义——"尝试错误法"。单单是引入 capitatio-iugatio 便反映出财政专业知识，capitatio-iugatio 至少将国家财政放置在一个比较坚实的基础上，即便有可能以长期苛求国内生产总值（与现代国家相比少得可怜）为代价。尽管通过四帝时期的一系列措施，国家以经济主体的角色出现，但这并非诺斯所要求的那种意义上的服务者，那种服务者通过他的介入创造有效益的产权和有利的投资环境。相反，很多措施要么完全没起作用，要么可能加速了螺旋式下降的趋势。最终，危机证明罗马帝国经济总体上如何没有效率：皇帝们只有通过大幅提高税费负担①，才能担负起在公元 3 世纪无数次战争中变得庞大的军事机构的所有开销。他们于是提高了（再次按照诺斯的说法）越来越多居民的机会成本，越来越多的人更频繁地转向替代主体：篡夺者和外来的帝国敌人。

我们接着来谈第二个例子：养活城市人口的挑战。因为在希腊和罗马，农业也和整个经济制度一样，效率受限。因此，一旦城市达到一定的规模，国家便开始承受挑战。雅典的人口太多了，以致大得让人无法靠阿提卡的农业自给自足；共和晚期的罗马太大了，以致大得让人无法从它的周边地区——罗马平原或意大利购得粮食。波河平原虽然土地肥沃，但粮食如果从这里出发经陆路被运往罗马，其运输费用就会大幅增加。青铜时代和铁器时代的美索不达米亚和法老们的埃及则不一样，那里的大批居民也集中在城市，但是其灌溉经济的效益非常高，不仅能供应给农民，还能供应给比较近的周边地区的那些不从事农业生产的城市居民。

---

① 或译为"公课负担"，Abgaben 以租税（Steuern）为主，其他还包括规费（Gebühren）、受益费（Beiträge）、特别公课（Sonderabgaben）等。

而在意大利，尤其在希腊，农业的棘手之处在于土地质量和降水量无法估量：地区范围小限制了其可耕种面积，雨水缺乏则会导致歉收。早在公元前 8 世纪，日益增长的人口密度与巴尔干半岛南部的农业潜力就越来越明显地不呈比例。直到"希腊移民"开始，过剩的人口才得以输出，食物短缺问题随后慢慢地通过粮食进口得以缓解。大概在公元前 6 世纪，粮食就已经成为从古意大利、西西里和本都的流散中涌回本土的物资，其流动方向与产自希腊的、价值高的陶器相反。

随着公元前 5 世纪和公元前 4 世纪城市的进一步扩张，"依赖文化"（格雷厄姆·奥利弗语）继续加剧，尤其表现在雅典。演说家德摩斯梯尼（公元前 384—前 322 年）计算，每年有 40 万舍非尔（1.6 万吨）粮食从克里米亚半岛的博斯普鲁斯王国进口，占进口粮食总量的一半。雅典依赖外部来源的程度有多高，取决于这座城市居住着多少人——对此的估计现在仍有异议，就连德摩斯梯尼数据的可靠性也被质疑。历史学家彼得·甘西则认为阿提卡的本地农业（与他的大多数同事的观点相比）更多产。但是就连他都认为，公元前 4 世纪时，雅典的一半粮食得进口。很明显，阿提卡的经济基础是脆弱的；与此对应，供应难题在雅典的政治议事日程中占据着重要地位。

　　阿提卡拥有一系列政治措施，用以防止流入雅典的港口比雷埃夫斯的粮食枯竭。最重要的工具首先是公元前478或前477年作为对付波斯人的防御同盟而成立的提洛同盟和海军。借助二者，雅典人事实上已将爱琴海变为一个封闭的海。通过达达尼尔海峡到达黑海的通道也由他们控制，他们的原料和港口的海岸也在其掌控之中。在爱琴海和内海对面，他们夺走了那些反抗雅典霸权的城市的土地，并在这些土地上制定了将征得的土地配给公民的制度，那是些牢牢受雅典约束、没有自身公民权的定居点。由此可见，公元前5世纪雅典的供给从根本上讲是以再分配的和有纳税义务的方式被组织起来的：人们拿走某个被霸权统治的城市外围的生产资料（土地，有时候也有劳动力）和产品（食物），将其输送给雅典的中枢地区。

　　随着在公元前404年伯罗奔尼撒战争中失败，雅典的海上帝国崩溃，雅典只能通过投资商业来弥补其霸权的丧失。阿提卡远程贸易的焦点转移到黑海——在公元前4世纪，每年都有粮食以护航队护送的方式从黑海购得。在伯罗奔尼撒战争中，穿过达达尼尔海峡的海上交通线就已经是使雅典存活下来的命脉。

由于在雅典城邦中无法自行运输，人们便将这一生意委托给私营商人。比雷埃夫斯作为贸易港口极为重要，它保证了这一生意有利可获。地中海没有哪个地方比雅典这个港口能转运更多的货物，谁若是在这里出售货物，肯定能找到买主。这里会有促进贸易活跃度的基本场所 agoraí①，配备有市场监督员（agoranómoi，5 个负责雅典，5 个负责比雷埃夫斯），他们负责监督市集发生的事，调解争执并监视价格。为监督商品尺寸和重量，这里设有专门的公职人员 metronómoi②；此外还有发展不成熟的银行业务，商贩能通过这一业务（针对巨大的风险溢价）获得资金。在比雷埃夫斯，epimelētaì toû emporíou③也设法让雅典受到应有的重视，他们负责让三分之一被转运的粮食在地方市场出售。实际上，这使得比雷埃夫斯成为粮食堆放仓。通过强制出售，堆放仓的粮食价格被人为地控制得较低。

对雅典而言，公元前 404 年的战败意味着一个极其重大的转折。雅典人充分利用了他们的城市和港口比雷

---

① "阿哥拉"，原意为市集，泛指古希腊以及古罗马城市中经济、社交、文化的中心。阿哥拉通常地处城市中心，为露天广场。

② 度量监督员。

③ 即商业广场监督员（empórion）。

埃夫斯的经济潜力，借此成功实现转变大城市供求这一良策：不再进行有纳税义务的再分配，而是转向市场经济的贸易。如果没有有效的加强性机构（如一种起作用的市场监管、促进贸易的诸法律、实际的强制性堆货仓和粮食出口禁令）和一个有利于商人利益的基础设施（通过"海上借贷"实现资金的可支配度、港口设施和交通路线），他们便做不到这些。不同于戴克里先统治下的罗马，古典时期晚期的雅典完全成功地做着劳务"买卖"，鼓励靠租金生活的人、雅典人和非雅典人将亟需的食物运送到城中。

罗马的供求问题与其基本相似。最迟到第二次布匿战争结束，越来越多背井离乡的农民从农村涌向首都，同时意大利的农业也逐渐从生产主食转向生产具有更高价值的农作物。因此，罗马变得越大，这里的居民就越频繁地遭受着饥荒，即使是在好年景，很多家庭若想填满家人那些饥饿的肚子也有些费力。在每一个前现代的匮乏社会，粮价是极具政治性的，统治者如果不能把它控制在人民可承受的程度上，便会有生命危险。标志着罗马城转折点的，是公元前 123 年由护民官盖乌斯·格拉古通过公众集会带来的《粮食法》，该法首次将国家援助的粮食以固定的价格分配给罗马最贫穷的公民。低价粮受领者每舍非尔粮食支付 $6\frac{1}{3}$ 阿斯①——比即便是景气年份的市场价格低,但是比象征价要高。在北非购买粮食的费用(地中海粮食生产的重点已转移到那里)通过新行省 Asia②,即公元前 133 年被兼并的帕加马王国交的租税收益来负担。其他行省也有税费流向罗马,这些税费的征收并不怎么系统化,大多数建立在前罗马的征税体制上,而且是部分以实物、部分以金钱的方式。直到罗马帝国时期,在定期检查财产的基础上,全帝国范围内被统一征收土地税和人头税,使得直接对各行省征税才得以统一。

格拉古的《粮食法》创造了一个先例。从那以后,罗马城的平民在所有其他下层民众前享有特权——而且他们不允许这种特权被夺走。尽管粮食分配问题还有争议,但他们似乎为一种全新的、具有纯粹煽动性的政治作风打开了便利之门。不过光是苏拉就在他独裁期间(公元前 81—前 80 年)中止了国家援助,到公元前 78 年又开始采用。在整个公元前 1 世纪,其受惠人数陡然上升,国库负担随之大幅加重,直至克洛狄乌斯在公元前 58 年颁布了一部新的《粮食法》,宣告完全免费的粮食

---

① 古罗马的一种钱币。

② 亚细亚(罗马行省)。

分配已来临，西塞罗就此断言，赤贫者耗费掉整个国家收入的五分之一。恺撒再次缩小了受领者的范围，据说从 32 万人减到 17 万人，但是直到奥古斯都执政时才将这个不太透明的制度调整到全新的基础之上。他让人分发资格票，凭借仓库第一次建立了首都粮食供应的基础结构，并由他自己担任"供粮总监"（cura annonae）。公元 8 年，他将自己的职务委托给一位骑士等级的"供粮长官"（praefectus annonae）。后来，在克劳狄和图拉真的统治下，海港奥斯蒂亚被分为两个阶段进行了扩建。

因此，我们尽管对首都粮食供应的法律基础和组织基础了解很多，但对它们实际所起的作用却知之甚少。首先是在数量上，其所需粮食为多少只能粗略地估计，因为首都人口也是个未知数。甘西和萨勒推测，在奥古斯都统治时期的罗马，光是粮食分配受领者及其亲属大约就有 70 万——包括在罗马定居的奴隶、异邦人和无公民权者在内的总人口就超过了百万人，这些人每年需要大概 20 万吨粮食才能基本吃饱。如果将运输和贮存的损失计算进去，其总量便达到 40 万吨，为确保首都供给充足，每年都必须生产出这么多粮食来。

谁是生产者？国家怎么获得粮食？粮食怎么被运

往意大利？大部分农作物生长在西西里和北非，尤其是从公元前 30 年起作为罗马行省的埃及。粮食主要由私人工场生产，国家要么从这些私人工场购粮，要么将粮食作为租税从这里收上来。除此之外，归皇帝所有的地产（被称为领地出租给私人投资者）也起了作用：租赁者上缴他们的一部分产品作为自己的租金，其中便有粮食。出口粮食的行省，如意大利，随后必须备有用来贮存和转运的基础设施。从奥古斯都统治时期开始，国家越来越致力于这一领域，并排挤（就像在奥斯蒂亚被发现的）逐渐出现的私人服务者，而并不去干涉用船运送粮食到意大利。船运送粮一直是私人雇主（"海船管理人"）们的事情，工场达到一定规模，国家便通过给予法律上的特权来鼓励这些私人雇主积极主动地船运送粮。有时因为航行时间长、冬天的天气情况不利等因素会导致每年只能进行一次航行，船的吨位也因此不够。装载量为 1000 吨的船只，在帝国时期可能已不再稀罕。对于船只归私人所有的顾客，国家还和其他同样对运输大宗物资感兴趣的生产者竞争。这项买卖对于爱冒险的雇主们来说多有赢利，佩特罗尼乌斯虚构的小说《萨蒂利孔》中的主人公，获释奴隶特里马尔奇奥就证明了这一点，他正是通过海外贸易挣了一大笔钱；布置得富丽堂皇的俱乐部也证实了"海船管理人"的富有，奥斯蒂亚的 collegia① 的"海船管理人"（集利益代理、同业保险联合会和祭礼联合会于一身）在这里会面。

在罗马，像在青铜时代与铁器时代的美索不达米亚和古典时期的雅典那样，国家为了养活首都的居民也会武装干涉别国内政。不过，正当雅典在伯罗奔尼撒战争中失败，结束了有纳税义务的再分配的、从外围转向中心的收入再分配方式，并迫使市场贸易进行调整的时候，罗马则在拥有帝制的同时还存在一个主管机构，这个机构有权力和手段获取各行省的生产剩余，并将它们运往罗马。当雅典（用马克斯·韦伯一个著名范畴）转变为生产者的城市，尤其通过其市场的潜能自行赢得生计时，台伯河畔的这座大都市② 仍然是它所在帝国的搭伙者：一座消费者城市，若没有居于中心的皇帝，那里的居民便会饿死。

市　场

当然，罗马并不是帝国唯一的需求中心，虽满足不了全部但至少同样享有特权的是军队及其数十万士

————————

① 古罗马的手工业联盟，早期的同业协会。

② 指罗马。

兵——公元 3 世纪，最多时可能有 50 万男子处于备战状态。军队拥有自己的后勤供应机构，以便将食物送到军队驻地，其主要货源为靠近驻防地的城市。这些城市在和平时期提供食物给部队，作为补偿，这里的居民可以免除赋税。行军部队在战时和在和平时期一样需要由当地靠租金生活的人安排住宿和供养，对于这种"寄宿舍"（hospitium）则不提供补偿。不过，部队会像单个士兵一样在市场上囤货。正如出土于不列颠北部的文都兰达泥板所表明的，士兵们私下里做着买卖，他们大量收购粮食并转卖给部队。

第三个需求中心是帝国的各个城市。这些城市的居民——帝国中约 6000 万居民里大概有 1000 万，和罗马城的平民一样不享有特权，从皇帝手上享受不到粮食捐助。在特里尔、伦敦、迦太基、安条克、以弗所和埃及的亚历山大（罗马帝国的第二大城市），人们的温饱问题依赖的是其他途径。同一城市中有财力的人满足了其部分需求，这些同城人通过慷慨捐助食物证明了他们的共同精神——这种行善举动是古代城市中的公共生活所必不可少的，不少市民在农业区域（属于每个希腊乡镇的 chóra①）都拥有耕地。像古风时期的雅典一样，

---

① "区域""空间""场地"等意思。

其部分地产占有者是耕地的居民，他们自己或者和少数奴隶一起耕种他们的田地。尤其在希腊化时期的东部地区、托勒密王朝时期的埃及和塞琉古帝国，希腊人和马其顿人的迁入实现了真正地用殖民方式占领土地——至少让殖民地开拓者中地位较高的人获得大地产，在这些大地产上劳作的是作为农奴的本地农民。这些精英的消费行为和他们的慷慨为其城市居民的生计做出了重大贡献。撇开亚雷提恩这样的例外，它们可能在很多地方比工商业生产更重要。意大利和各行省的多数城市和罗马一样，都属于韦伯提出的消费者城市范畴。

城市居民具备购买力，不过，人们得把货物送达城市，并在那儿找到它们的买主。生产者和城市消费者之间的接口是市场，市场的供应区域视城市的大小以及所出售的货物种类而定。大多数罗马城市的营养需求在自己周边地区得到满足；在通常情况下，路途遥远会使费用增高，超出人们可接受的范围。只有在歉收的时候，人们才会从较偏远的地区运食物过来，这时由于运输费用过高，即便是在危急状况下采取的相应提案也无法很快发挥作用——正如格列高利·冯·纳齐安（约公元329—390年）在卡帕多西亚的凯撒利亚闹饥荒时所注意到的。

对于本地无法生产的或是别处有质量更好的可供使用的日用消费品，人们便从罗马以外的其他地方进口。像安条克、亚历山大、特里尔和米兰这样的大城市，为满足居民自身的营养需求，都可能还有一个供应区。来自帝国时期早期的坎帕尼亚大区的历书，作为铭文或墙面刻字保存了下来，上面记录了人们赶集的日子。从这些可以看出，罗马是当地市集按照等级排列的一整套体制的至高点。在这里，一种货物被不同的商人从一层向另一层"向上呈递"，直到它越变越贵，如果可能的话，会抵达罗马的最高层。

对于城市而言，一个正常运转的市场关乎人们生存的问题，但城市绝没有举行集市的垄断权。利巴纽斯的演说家在写于公元 4 世纪的报道中说，在叙利亚的大城市周边的很大一片地区的农村也举办集市。像叙利亚北部拜托凯克的宙斯神庙这样的圣地有权（公元前 3 世纪，一位塞琉古国王就已经授予了其特权）每月举行两次，集市甚至还免税。由于这项特权，神庙陷入了一场和它的故乡，可能是阿瓦德的激烈冲突中。公元 258 或 259 年，奥古斯都和后来的瓦勒良皇帝证实了这项特权。

当然，集市不只是有形的场所，货物也会在这里"易主"。从经济角度来讲，市场是供给与需求相遇的平台。

让市场区别于另外两个由匈牙利经济学家波兰尼命名的转移变体（互惠和再分配）的是，市场同时是一个定价机制。由于没有其他机构（公正考虑这种形式的准则或者命令形式的行政机构）影响定价，按照纯粹的理论，只有供需调节市场参与者的行为——市场作为一个机构是自治的。

这一原则和市场参与者符合市场的行为，至少部分地方也是古代集市大宗买卖的基础，这一点我们可以从戴克里先的最高价格敕令中间接地推断出，这个敕令通过在一定程度上抢走集市以实现自己的全部意义。与其自相矛盾的是，这个文本是集市起作用的证明，同时也是一种普遍的、对符合市场行为的仁慈的伦理学证明。

个体的行动者如何尝试利用价格在集市之间波动，可支配的受限信息又如何有可能让他们的计划落空，阿普列尤斯在自己的讽刺作品《变形记》中对此都做了说明。作品中，来自埃伊纳岛的商人阿瑞斯特墨尼斯讲述，他以买卖蜂蜜和奶酪这样优质的食品为生，他从当地市集上采购，在色萨利、阿伊托利和维奥蒂亚等地卖给旅店。据传，在希腊中部城市希帕他有一种价格很便宜的新鲜奶酪，于是他通过最快的途径赶到这个城市，只是为了在到达之后要确定，批发商人卢普斯是否买下了所有的奶酪（阿普列尤斯《变形记》第一章，5.2）。

集市在古代起作用，在经济生活中也起到重要作用，对此人们不可能有任何理性的质疑。用数量来表示这种作用几乎不可能，各种各样的交换形式相互交错，避免了任何一种再分配的尝试。比如说，对于托勒密王朝时期的埃及居民而言，官僚主义的国家调控和市场交易并存是理所当然的。一位未署名的托勒密王朝的财政大臣给他的助手下达的指示就表明了这一点。按照指示，这位助手应该控制集市上的商品不得以高于所规定的价格出售；他的同事们应该着重检查未颁布价格的商品以及商贩们因此想卖多少便卖多少的商品（《塔布突尼斯纸草》第一卷，703）。

伦理学和准则

"经济学"（Ökonomie）这个词是从房屋（oíkos）派生而来的。对于希腊人而言，Oikonomía①是正确管理房屋的指南。由于城邦在一定程度上正如所有人的大

---

① "家务管理"的意思。

家户，因此在公元前5世纪末，人们便把经济学原理也用到城邦上。和每个知识领域一样，经济学也是哲学家们的领地；不同于现代国民经济的理论构成，哲学家们的经济原理承载了很多伦理学内容。由于经济学起源于有产的希腊人管理他们房屋时所积累的经验，自给自足的家户似乎也预先确定了哲学家们在经济领域探讨中的伦理学视角。学者的生活阅历也在起作用，他们对于经济伤透了脑筋。只有少数人例外，他们本身就属于富有的地产占有者，影响着古代大多数共同团体的政治生活，比如雅典人柏拉图和色诺芬，以及罗马人加图、瓦罗、西塞罗和塞内卡，但亚里士多德并不属于这一类，作为没有公民权的外来居民，他一生的大部分时间都在雅典度过。

希腊人的经济伦理学后来也被罗马人接受，事实上，赫西俄德早就通过赞美乡村生活，同时质疑其他谋生方式来预先确定这种经济伦理学的基调。地产和政治参与在古希腊城邦中联系紧密。首先，政治参与是由地产占有者垄断的，随后，地产由公民垄断。因此柏拉图在他的《理想国》中按照职业对人类存活的重要性进行排序：居首位的是农民，第二位为供给农民生活必需品（衣服和栖身之所）的工匠，然后是给农民供应器具的人。所有这些必不可少的职业构成这座"健康的"城市，与之对立的是"傲慢的"城市，在这里有满足于人们奢侈需求的所有可能的职业（柏拉图《理想国》第2卷，370—373）。

色诺芬表现得更加激进，他让苏格拉底在对话体《经济论》中说道："因为那些被称为 banausikaí① 的手艺人的职业名声不好，在我们生活的城市里自然被人鄙视。"（色诺芬《经济论》第4章，2）色诺芬首先怀疑无地产者的防御能力。一旦面临战争，这些人不会拿起武器战斗，只是无所事事，因此"对于一个品德好的正派人而言，从事农业是最好的选择"（同上，第6章，8），类似的标准也适用于罗马。西塞罗（《论义务》第1卷，150）对关税征收员和放债者的态度极其轻蔑，因为他们招人恨；他蔑视按日付工资的雇工，因为他们通过工作得到了工钱；他蔑视商人，因为他们虽赚得毛利，但这是欺骗手段；他还蔑视工匠，"因为工场本身就没什么正派的东西"。塞内卡（《书信集》第88篇，21）也将职业划分为配得上一个自由人的和"粗野的、肮脏的"。怀着他那个阶层的狂妄，他把所有手工业和所有谋求生计的职业都算作粗野的。最后是处于拉丁文学开端的

---

　　① "庸俗的人，不懂艺术的人"。

加图，他写道，"我们的祖先应当将好农民和好庄稼人称为好人"（加图《论农业》序言，2）。

做手工业的、运营货币经济的和经商的人的职业不被接受，也基于每个社会（在古代是一个共同的广场）逐步衰退的理论，古代思想家们倾向于美化他们共同体的那种蒙昧原始的状态。因此，对于这种思想的极端变种而言，每一个超越"房屋"（oíkos）的自给自足的自主经济活动都被视为可疑。《泰奥格尼斯诗集》中表达出来的保守的社会批判，在城邦社会的劳动分工细化中能完全看到症候。希腊国家那种"朝后看"（rückwärtsgewandte）的经济伦理学，在亚里士多德的《政治学》一书中被视为典范，该书的第一卷便是致力于探讨家务管理和获得财产的技术(ktētikế téchnē)问题。二者之间有一道鸿沟，亚里士多德断定，获得财产技术的是"供应"，家务管理是"运用"（亚里士多德《政治学》卷1，1256a），但获得财产的技术本身并不会给理性的家务管理造成障碍，因为供应是人类生存的一个基本条件，没有人能生产所有自己需要的东西。这时获得财产的一个技术变种就产生了，它不以需求为目标，而是以财富和财产的无限增多为目标。亚里士多德称这一变种为 chrēmatistikế——"获得利润的技术"，而且它应该是被谴责的，因为追求利润者①获得一件物品并不是因为他需要，而纯粹是为了获得利润。由金属铸成的钱币——亚里士多德的断言事实上完全正确：金属铸成的钱币，由于具备象征价值和使用价值，因而作为轻便的交换工具出现了。这种钱币为贩卖商业（kapēlikế）获得独立做出了贡献，贩卖商业只考虑销售时获得尽可能多的利润。不同于家务管理和与此相关的获得财产的技术，获得利润的技术和贩卖商业不能满足于购置生活必需品。更确切地说，它们内部包含了亚里士多德在别的地方所抨击的 pleonexía 和无止境地努力聚敛钱币（同上，卷 1，1256b—1257b）。当自足的 oikonomía 创造真正的财富时，通过 chrēmatistikế 和 kapēlikế 产生的财产便会与自然处于不协调的状态。

马克斯·韦伯在希腊—罗马的国家哲学的"反货殖论"中，看到了一个重要的心理障碍，它在古代阻碍了具有现代特征的"资本主义"的形成。他的观点遭到反对，理由是涉及一个少数派的观点，而这种观点并没有在现实经济中被反映出来。事实上，有足够的例子能证明——经济上获得成功的工匠、精明算账的商人、贪求利润的地产奸商以及永不知足的农业大地

---

① 原文为 Chrematist，或译为"从事货殖活动者"。

128

主。从今天马焦雷门旁他的大墓碑上可以看出，像面包师欧律萨乌斯这样的人，他为自己的手艺和努力所得而感到自豪；或者像克拉苏斯，用各种卑鄙的手段在罗马买下了一块又一块地产；或者像佩特罗尼乌斯的小说中的特里马尔奇奥，那个虚构的获释奴隶，凭借经商拥有巨大的财富。

但是，反货殖主义的知识霸权是个不容否认的事实。虽然像加图和科鲁迈拉这样的作者向人们教授实用的农业管理知识，但他们首先关心的是巩固农业，而且也是出于道德的原因。总归他们的观点不会超过管理经济学的层面，而一部"政治的"经济学只在个别情况下会让大家产生兴趣（色诺芬《雅典的收入》，第10—11页）。显露出国民经济思维端倪的，还有大概成书于公元 3 世纪的、伪亚里士多德的著作《家政学》，尤其第二篇强调了所有经济部门对城市经济原则上有用，因而与亚里士多德所创造的反货殖主义相矛盾。

第六章

资　本

从经济学角度看,"资本"并不是不被消费和储藏,而是为了达到增值而被投入的金钱。卡尔·马克思(1818—1883)这样定义资本:资本首先创造了"市民社会",并使"普遍地侵占自然"成为可能。资产阶级是资本造就的一个类型的人,正如一百年前另一位重要的德国经济学家维尔纳·桑巴特(1863—1941)在一个划时代的著作中所勾画的那样,资产阶级最纯粹的代表是雇主:"雇主想让自己的生意达到鼎盛,他就必须愿意营利。"他所追求的焦点不再是人及其需求,而仅仅是生意。生意的无限壮大是雇主真正的生存目的:"对于营利而言,就像营利和生意达到全盛一样,都少有某种自然的限制，'与身份相当的'个人生计，也将这种自然的限制赋予了以前所有的经济。形式"

古代的社会认可这样的雇主吗？寻找古代的资产阶级（如果有资产阶级的话）必须从经济资本的产物——金钱开始。不过正如社会学家皮埃尔·布迪厄所证明的那样，资本不仅有经济维度，似乎还能通过其他货币进行积累，其一是教育，属于文化资本；其二为社会资本，比如熟人、网络和朋友；其三是以象征的形式，它在古代特别重要。归入最后这个类别的有声望和荣誉，甚至包括影响力和政治权力。

经济资本：金钱和货币经济

钱币是古代的一项发明。硬币是一种（大多数时候是，但不是强制性的）金属做的圆形钱块，其大小和成分是统一的，保证其真实性的是它的发行机构，通常为国家。具有担保的符号是硬币两面的图像——正面和背面，此外常常还有插图说明。最早的硬币于小亚细亚铸造——是典型的位于半岛沿海的希腊移民区，青铜时代的赫梯帝国分裂时的产物，即卢维语—弗里吉亚语文化区，这两个区域的过渡地带在它们的内陆。最古老的注明日期的、从银金矿开采的一种天然存在的金银熔合物构成的硬币，出自吕底亚王国，这些硬币铸造于公元前 7 世纪中叶，在爱奥尼亚人所在的城市以弗所被发现。在希腊本土上，铸造硬币出现在公元前 550 年前后，更确切地说首先是在埃伊纳岛，百年之后再次在腓尼基出现。最早出自印度的硬币铸造于公元前 4 世纪，中国的硬币铸造则开始于公元前 3 世纪。

不过，货币比吕底亚的银金矿硬币要古老得多，因为货币和钱币并非相同。货币是一种人们对所有可能的物质和非物质形式所构想的产物，是确定带有价值的一种具体的交换手段：如从东非一直传播到南太平洋、使用至 20 世纪的货币，与各种贵金属以及在公元前 3 世纪的美索不达米亚居民使用的大麦一样，都是一种支付手段。希腊和旧约全书中提到的货币单位塔兰特、米那和舍克尔，都至少起源于古巴比伦时期（公元前 2 世纪早期）。出自乌尔第三王朝（公元前 3 世纪末期）的巴比伦，由各种各样金属所铸且形状各异的货币仍然保留至今，所有这些货币都曾被用作支付手段。铜币、金币、青铜币和锡币，特别是银币，均被视为可在任何地方兑换的货币，尤其被用于远程贸易。在本地贸易中，袋装大麦是一种很受人欢迎的交换媒介。在包括埃及在内的古代近东国家的国内交通中，上面提到的所有货币都不是交换媒介，而只是实物交换时的价值砝码——将任意一个商品的价值换算成塔兰特、米那、舍克尔银币或袋装大麦，然后再折算成等值的交换物品。

哪里使用交换媒介，哪里就需要会将两种货币进行换算的专家。他们必须值得大家信任，并掌握足够的专业知识，能确定贵重金属的成色并计算出市价。在古代西亚地区，"金融人员"（tamkāru）行使这种职能，在《汉谟拉比法典》中他们经常被提及。在那里，就像在现代银行一样，各种可能的交换媒介的账目都会被记录下来。此外，这些金融人员还作为私人债权人，从事除神庙和宫殿这样的机构之外的活动，出借实物（粮食、海枣、砖瓦）以收取利息或"货币"。古代近东也已经有了钱币的最初形式，以盖印的金属条的形式流通——首先是通过靠租金生活的人。

正在出现的钱币，为每一种类的大宗商业买卖开启了一个新时代。驶向市场的商人们，如今再也不需要迫切地预先知道，市场是否还有存货，别处是否可能有对这件商品的需求；即便是大笔款项，也能在不需要较大的后勤人力消耗的情况下从 A 地运往 B 地。对于那些最不一般的大宗买卖——从嫁妆到支付贡物，从租税到市场交易——现在有了统一由国家担保的价值尺度。希腊人在海外的扩张、地中海地区的城市化、城邦的形成、从西班牙到黑海的新市场的形成以及货币化，所有这些都并非偶然地在时间顺序上关联在一起，都发生在从公元前 8 世纪末到公元前 6 世纪初这一时期。硬币的顺利流通可能是伴随现象，同时也是转变因素：互联过程开始于最初的硬币产生之前，但由于这种新的、并不复杂的支付手段可供使用，其互联过程也因而得以加速。

富有的德高望重者会为公共事务筹措费用——这个于公元前 6 世纪出现的实践活动，在城邦内部，特别是在雅典，大大地推动了硬币的流通。跟使用实物相比，货币的优点在于，它能直接衡量出某项捐赠的价值。货币化的第三个催化剂是提洛同盟，大量钱币通过它涌向雅典，雅典因而能够给审判员这样的公职人员发薪。这样一来，得以民主化的不仅有雅典社会，还有钱币的分配——它们以小额票面价值的形式第一次进了人们的钱袋。公元前 5 世纪，阿提卡的德拉克马（正面闪耀着象征城市女神雅典娜的动物猫头鹰）成为整个地中海东部地区的主导货币。伯罗奔尼撒战争之后的雅典危机，和不得不通过在贸易上精打细算获得提洛同盟不再提供的东西，最终也促进了货币经济，为大笔货币借贷创造了商业基础。既是资本密集型又有风险的海上贸易，总是不断地需要资金。商人们如果不是过于富有，就必须赊购商品，以便于在别的地方重新售出这些商品以获得利润，于是便出现了一个对于出资者和放高利贷者而言的强大市场。公元前4世纪的雅典海上借贷欣欣向荣，一些金融巨头还由此发了财。

他们究竟有多富有，由多个审判演说所记录下来的银行主帕希奥的传记对此进行了说明。公元前400年前后，帕希奥作为奴隶在阿基斯塔托斯和安蒂斯泰勒斯固定设在比雷埃夫斯的银行机构中工作。获得自由之后，帕希奥接管了这家银行，先是作为租赁人，随后作为所有者。他的生意运转得很好，以至于他有能力再购买一家盾牌工场。帕希奥和顶级政治家们关系极好，总是表现得很慷慨，不久他获得了阿提卡的公民权——对于没有公民权的外来居民们来说，这是一种特别的表彰。帕希奥让他以前的奴隶弗米奥恩成为自己的继任者：在年长者出于健康原因退出生意时，继任者要作为租赁人经营银行，并在帕希奥死后娶他的遗孀、做他还比较年幼的儿子的监护人。租赁开始时，帕希奥有总数为50塔兰特的借款未收回，这是一笔巨大的数目，由此可以窥见公元前 4 世纪的银行业务额（德摩斯梯尼《演说》36，45 和 49）。

像帕希奥这样的银行家，能用高利率为自己所承担的风险作保障。安德克勒斯和瑙斯卡特斯两位债权人，同时也是没有公民权的外来居民，与借款人阿特曼农和阿波罗多罗斯之间的契约，出自于公元前 340 年前后，在伪德摩斯梯尼的审判演说（《反对拉克里托斯》，10—13）中得以记录。该契约列举了一个利率为 22.25% 的事例，在偿还借款时需要支付这一利率，如果履行持续的时间更长，其利率甚至要提高到 30%。因此，债权人在订立海上借贷时甘冒巨大的风险也就不足为怪了。多数时候，土地可能不会被作为抵押品考虑，因为商人们几乎都不占有土地。作为没有公民权的外来居民，很多债权人本来就不允许接受土地作为抵押品。因此，作为担保，只有商品本身能被接受作为抵押而放款——而且商品是在船上，船能否安全回来绝非是一件确定的事情；船如果沉了，或是被海盗截获，或是借款人自己带着商品走了，债权人就什么也捞不着。

因此，希腊银行业只能有限地和现代的银行业进行对比。尽管高风险说明了高利率存在的理由，但却阻碍了"银行"可以同时进行很多海上借贷，反正它们的流动性较小。希腊银行主们和他们的罗马同行们尽管收下顾客们的存款，但并不支付存款的利息，这样他们只能在特殊情况下动用顾客的存款。因此，海上借贷主要是靠租金生活的人的谋生方式。和希腊的债权人一样，罗马贷方们的法律地位通常也很低，他们大都是被释放的奴隶，有时被委托用自己以前主人的资金做买卖。最终，海上借贷受到国家的严厉整治，被禁止用船只将粮食运往雅典以外的其他城市——一条出自公元前350年前后的法令做出了这样的整顿（伪德摩斯梯尼《反对拉克里托斯》，51）——国家为了避免其他城市从阿提卡的钱币中获利。

另一完全不同的商业活动是抵押地产发放贷款。这里的债权人通常是富有的、有影响力的名人，他们提供贷款，收取少量利息或是零利息。甚至有很多富有的雅典人用这种方式筹钱，那些如今在田地里被找到的无数记录债务信息的石碑便证实了这一点。借出的钱被用于其他货币交易、购买嫁妆或为公众提供资金。在罗马，也有富裕的上层社会成员发放零利息的贷款。他们当中的一位——马库斯·李锡尼·克拉苏（约公元前115—前53年）是他那一辈最富有的人，并被视为"不顾廉耻"的买卖人。他的"消防队"臭名昭著，据说只有在被烧房屋的所有人将他们的不动产过户到克拉苏名下，"消防队"才抢救其家用器具。火灾在罗马几乎每天都会发生，使这种商业模式成为一件可营利的事。在给予贷款时，克拉苏表现出很反常的慷慨，比如贷款给他的同盟者恺撒，不过他也会贷款给声望低一点的同时代的人。他不收债务人的利息，但是会严格地坚持让对方准时偿还（普鲁塔克《克拉苏》3，1）。

象征资本：荣誉和权力

这种突然的慷慨大方从何而来？答案是明摆着的：克拉苏通过零利息贷款给恺撒这样的人，使他们长时间地对自己负有义务。贷款是一件友好的事，一个 beneficium①，它在罗马主流的交互伦理学中，甚至于在共和时期晚期激烈的政治日常生活中，是绝对要求有 officium②的。金钱是一个重要的，或许是具有决定性的政治联盟信物，因为，要像恺撒那样在政治上完全抵达上层位置，需要很多钱。不过克拉苏也有些很好的理由收买影响力较小的名人的忠诚。金钱是一个从属系统

---

① "恩惠"的意思。
② "回报"的意思。

的黏合剂，它呈金字塔状向上延伸，在关键之时能起到动员集会中的群众做出正确事情的作用。

在布迪厄看来，克拉苏其实只做了一件事情，那就是将他手头的丰富经济资本转换成其他的资本种类，转换成社会资本——人际关系网，其典型之例是与庞培、恺撒一起组成的前三头同盟（公元前 60 或前 59 年起）；转换成象征资本——声望、权威和影响，这些都是罗马的政治权力十分重要的组成部分。布迪厄的四种资本形式的模式凭靠着一点——每一种形式像货币一样是可以转换的，每一种资本形式可以被投资成另外一种资本形式：金钱可以实现教育，威望和权力能被利用起来以实现经济目标；联盟和网络能转化成影响，教育能服务于社会发展。贿赂和行善是转换的两种方法。

用这种模式，古代人和现代人那些看起来与经济人的流行图景对立的行为方式就得到了解释。个体为何要履行一个荣誉职务？他们为何要从事慈善家的活动？简言之，在生存本能似乎恰恰要求做出利己决定的时候，他们为何表现得不谋私利？不过，什么是自私自利，什么是理性的，取决于个人的优先权和影响个人使用优先权的社会框架条件。如果一个团体鼓励慈善活动，他们所认为的利他主义便有可能因个人兴趣而得到正确理解。这种鼓励可以通过租税利益，也可以以非物质的方式产生，如果一个捐赠者按照预期得到荣誉，他的名字便能在一块纪念碑上被再次找到，他或许便能将自己的财产分出一部分。

今天的某些国家，尤其是美国，有做慈善的传统，原因是鼓励慈善显得特别突出，而这在福利国家则不那么明显，古人渴望把对于他们来说重要的东西记录在耐用的材料上面。我们拥有数十万的铭文，都归功于希腊人和罗马人这种在研究中被称为 epigraphic habit^①的习惯，没有这些铭文，我们对古代的认识就不会这么深入了。对于捐赠者来说，古代的铭刻文化也意味着他的事迹会被公众知晓，从而不会被遗忘。研究界将竖铭文和慷慨行为称之为"做善事"，这在某种程度上是协调一致的，它们就如同一枚硬币的两面。

希腊化时代出现的行善者的最初阶段，是古典时期的希腊（尤其在雅典）的庆典捐献。全体居民不再定期缴纳租税，代之以富有的公民和没有公民权的外来居民临时向集体提供 leitourgíai（"帮助"）。按照这些帮助的内容，要指挥群众集会支付的款项和国家所担负的任务一样形形色色，最重要的是三列桨座战船长（且必须为

---

① "碑文习惯"的意思。

其装备，一艘三列桨座战船）和每年约定好的资助、组织合唱队职责，资助与组织合唱队负责者必须为剧院的演出资助一次合唱，并与其他合唱队竞赛。资助与组织合唱队的成绩和巨大的声望联系在一起，且这种声望在公共领域里也是可以被展示的。在卫城的山坡上，沿着三足鼎街（Tripodenstraße），雅典城邦慷慨地赠予获胜乐队的资助者们一个金鼎，如今仍保存着，这是出资组织者吕西卡特于公元前335年或前334年让人为其金鼎修建的纪念碑式的建筑。

雅典奖杯亭位于雅典老城中心，今天它仍能让人感觉到，"允许"资助一个合唱队意味着多大的荣耀，即便人们得为此向他人借贷。资助组织合唱队在政治上也可能是值得投资的：裴力克在公元前472年为出资组织者演出过埃斯库罗斯的《波斯人》。当雅典人被培养成庆典捐献者时，他们自愿花费比法令所要求的更多的钱也就不奇怪了。一位不知名的雅典人遭人指控行贿，他让自己的辩护人、演说家吕希阿在法庭前像现代的会计一样精确地列举出他所做的庆典捐献事务：他多次当过合唱队出资组织者，并赢过三次；连续七年他接管三列桨座战船船长职务，还亲自指挥过战船；此外他还交了特别租税，资助了一个宗教使团，并且为祭祀庆典花了

钱。(吕希阿 21, 5)

在这里我们可以看到经济的资本如何实现向象征资本的转换：吕希阿的委托人能够利用他长年充当慷慨的庆典捐献者所获得的良好声誉来对抗有腐败行为的指控。我们并不清楚这一诉讼是如何结束的，但是被控告者是城邦的行善者这一情况，可能会使辩护工作变得简单很多。提供庆典捐献的不仅有公民，还有没有公民权的外来居民。以银行主帕希奥为例就能看出，一个富有的非公民身份的人能如何目标明确地为强大的代言人（即社会资本）和社会声望（即象征资本）进行投资，并最终获得一直渴望得到的公民权。

在希腊化时期，由于希腊化的领土意义上的君主国为经济主体开辟了全新的、以往不曾有过的活动空间，因而其侧重点也有所转移。首先是国王们，以前国王手中还从未聚集过财富。那些离国王若即若离的人，以及通过国王在事业上获得升迁的人，都具有巨大的经济潜能。他们总是一再地在国王、晚些时候在罗马的显贵、其家乡所在的乡镇以及那里的公民之间起着中间人的作用，而且他们始终不渝地代表着后者的利益。比如那个来自拉姆普萨孔的赫格希阿，他在第二次马其顿战争中（公元前 200—前 197 年）与罗马的裁判官和海军司令卢修会面，为的是向对方说明，自己城市的群众和罗马人民"有亲缘关系，是朋友"。这些"行善者"用一部分财产资助公共建筑物、文化和宗教活动，并为他们同乡的公民们捐赠食物，受资助的公民们便（纯希腊式的风格）用公共区域的铭文作为回报。可以说，没有行善者的活动，希腊化时期的世界便没有一个乡镇能够存活下来。

当希腊化的国王们屈服于罗马的资深执政官，执政官又屈服于皇帝时，一切都没有任何改变。相反，行善事机制从东部传播到整个罗马帝国，包括意大利。所有在罗马世界有所成就的人，如执政官、元老、总督、骑士和地方绅士，甚至连罗马军队的百夫长，都想以皇帝为标榜，让他们的家乡分享自己的幸运。有一个令人难忘的纪念碑，它让人感觉到荣誉经济学在说希腊语的罗马帝国东部所具备的重要意义。它便是位于吕基亚罗得岛城邦，奥普拉莫阿斯的摩索罗斯王陵墓，其中有由总计 70 篇单个文本组成，残存的但在很大程度上得以重构的铭文。奥普拉莫阿斯在他的家乡吕基亚属于希腊化了的绅士阶层，他非常富有，在公元 141 年地震造成家乡惨重的损失之后，一次性资助了吕基亚的重建工作。光是为重建米拉城的公共建筑物，他就花费了超过

10万德拉克马，还有10万德拉克马被用于修葺那里同样被损坏的伊柳塞拉圣迹。对于其他乡镇，他用这些乡镇的欠税来支付，出资举办击剑比赛和宗教典礼，承担嫁妆和葬礼费用，并让人分发粮食。奥普拉莫阿斯也向吕基亚城市联盟慷慨馈赠。那时，他极有可能还不是罗马公民——尽管安敦宁·毕尤皇帝（公元138—161年在位）完全赞赏他的成就，但他还没有获得公民权。

无论如何他还是晋升为联盟的最高公职人员和神职人员。出自罗得岛城邦的文献表明，荣誉和成就总是有规律地协调一致，并按照严格的比赛规则获得，但始终要避免这一印象的产生：一位像奥普拉莫阿斯这样的行善者可能在和罗马的皇帝竞争，而罗马皇帝却自然而然地扮演竞争以外的行善者角色。因此，从来不会缺乏这样的提示——实地的慷慨也是，首先是为皇帝效劳。从各法令中可以看出，对于善举的接受者而言，荣誉始终是一种确保受尊敬者以后慷慨的手段。符合行善事的经济逻辑的是，成就和回报似乎创建了交互的永久性对话。

在意大利，皇帝们的慷慨大方当然是没有对手的，他们绝不局限于为首都罗马捐赠粮食。公元100年前后，皇帝们开始致力于向半岛的青年人捐助。涅尔瓦皇帝（公元96—98 年在位）用自己的抚养基金建立了一项与现代子女的补贴费类似的活动："他规定，意大利所有城市的男孩和女孩，如果父母贫穷，应该用公共费用进行抚养。"（奥雷柳斯·维克多《皇帝节录》，12）不过，接受并非福利国家无条件给予的社会福利，像奥普拉莫阿斯的私人行善一样，它是要求得到回报的"恩惠"。用货币支付这种"回报"，则是忠诚；而首先具备这种忠诚的，则是意大利公民。在抚养下一代的问题上，靠租金生活的人也积极参与，比如小普林尼，他从自己可观的财产中拿出一大笔款项——差不多200万塞斯特斯银币，用于供养他故乡科蒙的孩子们，甚至还有一位来自弗罗伦尼亚（今佛罗伦萨）的百夫长，也为他家乡的青年人捐赠了粮食。

第七章

结束语：哪种经济？

　　那位佛罗伦萨百夫长决定将自己那不是很多的财产的一部分花费在别人身上，像他这样的决定是经济的吗，或者是经济上具有"目的理性"的吗？绝对不是，新古典经济学的代表们会表示反对，理由是他故意毁掉了自己本可用于投资所带来利润的资本。这样便是将资本的概念紧密地和企业管理联系在一起，将资本理解为用来投资，而不是用来消费的金钱。但是，资本对于希腊人和罗马人而言，即便是对于现在的很多人而言，也是完全不一样的，投资也不仅仅指的是投入金钱。

　　在这里，涉及了布迪厄的四种可转换金融资本的种类。金钱同样还可以通过其他方式得出在经济活动中结出的硕果。将经济资本投资成联盟、声望或荣誉的人行事绝对理智，他做出了一项理性的决定，这项决定可以获得经济利益。没有公民权的外来居民帕希奥在庆典上做了捐献，他也因此获得了雅典的公民权。他获得了威望，在热衷于荣誉的希腊古典时期，人们对威望的追逐是一个巨大的推动力。帕希奥在经济上也自行担负费用，因为公民的法律地位为他的银行业务开辟了全新的视角。Homo oeconomicus 和 homo policus[①]在帕希奥身上在一定程度上融合成一个整体，他们之间不存在利益对立。

这样一来，布迪厄的模式也为人们提供了一个机会，从仍然还是潜在的、"不幸的'原始主义'—'现代主义'"的辩论（凯·鲁芬，对比本书第 15—19 页）中找出：古代的人们，原则上从新石器时代到古代晚期，做决定并没有比我们如今少一点理智，没有少一点利己，也没有少一点"经济的"。在现代的 homo oeconomicus 和古代的 homo policus 之间涉及的人类学的差别是错误的。如果个人还是相同的，那为何现代和古代之间的经济效率和机构差别这样大？难道真的像卡尔·波兰尼所说的那样，前现代经济的实质不同于经营管理的各种现

---

① "经济人"和"政治人"。

代形式？

　　不容否认，古代的人们生活在一个不同的时代、不同的情况和不同的结构中，与此对应地，他们所受的限制也不一样，其价值标准在两千年间有了很大变化，埃及人、巴比伦人、希腊人或罗马人曾经去追求的东西，在今天已不再需要。古代的社会与现代的极其不同，本书以一万年的历史和一个比当今欧盟大得多的空间为研究对象。人类做出的决定，在很大程度上取决于他们所生存的环境，没有哪种理智独立于时空之外。波兰尼也有类似的表述："被称为'理性的'，既不是一种手段，也不是一个目的，更确切地说，指的是各个手段与一个目的所发生的关系。"目的如果换了，其主体便会选择别的手段。

　　道格拉斯·诺斯的新制度经济学最后也得出这个论断：制度为各种决定确定了框架条件（和波兰尼一样，它们阐明目的），而且它们通过时空不断变化。因此，不同于波兰尼的观点，不仅只有一种古代的经济和一种现代的经济：即使是作为理想的典型，这种二元论的老框架也太过粗略。本书的这种简短概述展示了一点，那便是，为确保生存物质的供给，古代的人们和我们今天的一样，找到了无数种可行的方法。于是就有很多种古代的经济,而不是只有一种。但是本书中的观点,即从古典时期的雅典,自希腊化时期起得到增强,直至古代晚期罗马帝国的崩溃,存在着相互影响最为密切的时间期。因此,将"短期的"古代(粗略地从公元前 300 年到公元 300 年之间)的所有经济现象——不管它们有多么不一致、多么复杂,理想化地将它们全盘概括为"古代经济"是合理的。

如果想要理解这种经济,不仅仅要借助个别流传下来的有关数量的和质量的数据对它进行描绘,那么,将它周围的制度背景和现代的进行对比就容易理解了。应该在这里总结,在(理想化地)消除所有现存的细节上的分歧的情况下,正如早已承认的那样,应以刻意的、系统化的形式:

第一,集市。和现代的经济一样,古代也有带价格形成职能的集市。在钱币出现之前,和腓尼基人一起还有一整个族群,这一族群的人将他们的生存建立在波动于不同集市之间的价格上。在帝国时期的意大利,每周市场有一个等级制度,职业商人会有针对性地充分利用这一制度,以便把商品放到下一个较高的市场等级出售,从而获得利润。雅典在伯罗奔尼撒战争中失败之后,他们还会坚定不移地利用自己作为地中海地区最大市场的重要性，以便确保对生存至关重要的粮食的供应。可是，典型集市的数量的重要性只能被艰难地估计出来。埃及财政大臣给自己助手的指示表明，除了自由的市场贸易之外，还有一笔受调节的大宗交易，那里的价格由国家的主管机关确定。

第二，法令。整个古代对市场和价格进行调整所做的最重要的一次尝试是，公元 301 年四帝颁布的价格敕令。它能间接地充当凭证，在即将来临的古代晚期，市场交换在经济生活中有着主导作用。在敕令的序言中，皇帝们援引正义的无所不包的信条以及那些促使他们颁布这一敕令的有违正义的行径作为论据。在敕令一开始，统治者们也提出了类似的论据，如作为早王朝时期第一位统治者的拉格什的乌鲁卡基那国王。通过法令消除假想的漏洞，统治者们总是一再尝试减少臣民们的机会成本以便获得合法性，即使（比如价格敕令也许是这种情况）对经济的后果是灾难性的。在这一点上，古代的立法者和现代的没有区别。当今天的政治拥有克服危机的科学的、即使并不总是有效的工具可供使用时，古代的统治者们充其量只能相信他们的经验和"尝试错误法"了。

第三，国家。古代国家为经济主体创造了有效的受保护的区域。谁如果想进行生产或做生意，谁就要信赖现行的法律，并且相信他自身、生产资料和商品是受国家机构保护的。正是这样，几百年来罗马帝国得以让地中海地区没有出现海盗，并将地中海和西亚草原上的游牧民都控制住，但问题的根源往往在国家本身。国家的政策和目的在于，将国家收入在短时间内实现最大化，首先将所有价格中的粮食价格尽可能地控制得低些。因此，国家会特别向经济上最积极的部分居民（比如雅典没有公民权的外来居民）讨账，并将整个"城市经济政策"（马克斯·韦伯提出）倾向于供养大城市的消费者。雅典禁令规定，禁止给驶向比雷埃夫斯以外的港口的运粮航行提供海上借贷，其禁令遵循的就是这一纲领。色诺芬在《雅典的收入》中进行的思考，几乎没有起到任何作用，通常没有人会想到国家让萧条的国民经济变得繁荣时所充当的积极角色。

第四，奴隶制度。被马克思视为古代社会的重要特征的奴隶制度是一个特殊的话题，此处只能浅显地描述一下。因不愿使它的重要性受到局限，今天的历史学家们变得更慎重了。奴隶工作不像长久以来所设想的那样（至少不是普遍认为的那样）是廉价的财产，无人身自由的工作被分配到不同地区、不同经济部门是特别不均匀的。奴隶具有法律地位，但他们不会构成社会阶层，而是像工业革命的无产阶级劳动者、有能力统一并相互协调地行动的社会阶层。不同于美洲的种植园经济，无人身自由的工作没有在古代经济的哪个领域曾获得过一个垄断市场的地位。但是，正是在大量使用奴隶（尤其在农业、采矿，也在生产性的行业）的部门，劳动分工的生产过程相对而言才贯彻得最彻底。同时，对奴隶的投资是资本密集型的，因此奴隶的生产没有自由劳动力的生产那么具有灵活性，后者可以随时被解雇。

第五，规范。马克斯·韦伯提到现代和古代"资本主义"之间一个十分重要的区别，就是希腊人和罗马人政治思维中普遍的"反货殖的"。事实上，那些少数有钱、有时间为伦理学绞尽脑汁的人，对那些献身于营利的人评价并不高——这种偏见的主要代表便是西塞罗和塞内卡。当然，在无数由陶工在他们的器皿上做出的签名里（"由某某制作"）和面包师、陶工以及铁匠的大型纪念碑里，都清晰地表达出工匠真正的自豪感：有把握、专业地致力于一个实用的行业。但是，在争夺古代地中海地区的伦理学领空权的斗争中，谁的观点会更有效呢？是一位陶工的，还是拥有地产且拥有膨胀的经济、社会、文化和象征资本的"有闲阶级"中会创作的一员的观点？

对于古代国家哲学的反对获取利润教义，古代没有哪位知识分子比亚里士多德给出的表述更好。亚里士多德在他的《政治学》一书中确定了家务管理技术 (oikonomía) 和获得利润的技术 (chrēmatistikḗ) 的界限。对于他来说，《经济学》涉及的是用所有必需的东西供养一个家庭或国家的能力。这种技术创造了真正的财产，是人类自然的天性。而获得利润的技术的目标超越了财产的每一个天然界限，它谋求的是无止境的占有。在此，亚里士多德似乎看到了桑巴特①的资产阶级雏形，那个全身心致力于无限扩大企业规模的资产阶级。

亚里士多德在此处的论战击中了一个真实的类型，是那个古代的资产阶级吗？那个和他现代的堂兄弟一样贪得无厌、一样能反映他那个时代的经济动力的古代资产阶级？可能没有，因为在古代的现实生活中，没有哪个地方出现过这种怀着无尽贪欲、追求利润的人。没有哪个真实的或虚构的巨头有过现代企业家那样的姿态，甚至连一篇像样的传记都没有：帕希奥不是，他不是无

---

① 桑巴特 (Werner Sombart, 1863—1941)，德国经济学家、社会学家，他对资本主义的起源做了消费主义的论述。他认为，奢侈让资本主义诞生，资本主义是奢侈的产物。在桑巴特看来，奢侈品消费的增长影响着工业生产的组织，奢侈之风助长了资本主义。

限扩张他的银行业务,而宁愿获得公民权,年老时退休,并将企业租赁出去;奥普拉莫阿斯不是,他追求相同的目标未果,但是作为他捐赠数百万的回报,他还是获得了他吕基亚同乡的感激和皇帝的赞许;克拉苏不是,他本来可以向他的债务人收取高额利润,但为了在政治上获得成功,他更愿意要他们的忠诚;特里马尔奇奥就更不是了,他将所有的钱投到有风险的海上贸易行动中,输了,重新投资;赢了,只为了最后能买一块地产,作为被释放的奴隶以保持元老院元老的生活方式。

短期古代人的居领地的经济是世界经济吗?有些事说明了这一点,首先是人员和货物在一个长时期内、在旧大陆①的一个重要部分的定期流动。奢侈品贸易的一种相互影响半个全球的区域,原则上从摩洛哥西部的利苏斯至少延伸到印度的穆吉里斯,其重点在"奢侈"一词上,因为流动的仅仅是高价商品,其价值是对巨大的运输费用的说明。无论如何,自公元4世纪开始,大宗货物,尤其是粮食,当然还有相对便宜的制成品,在地理上看是比较小范围的但还算以相当大的规模被运送。罗马和意大利越来越多地依赖北非,尤其是依赖埃及。但这种依赖是单方面的,引导着商品之流流入有纳

———————

① 旧大陆指欧洲、亚洲和非洲,以区别于新大陆美洲。

154

税义务的（tributäre）、从外围到中心的再分配体制中来，但真正的经济学的相互依存看起来并不一样。

此外，古代经济本身仍处于顶峰，在上古时期有短暂的时间变现较差，在工艺上还有各种可能性。只要外面来的压力小，帝国得以维持的费用也最小，罗马这一世界强国就能够得以在古代稳定地发展。世界的政治局势几乎没有什么变化，罗马帝制却陷入帝国时期的危机中。这时，帝国金融和经济基础的欠缺就显现出来了。

财产关系，尤其是租赁关系无所不在，提高了投资的费用以及无人身自由的劳动力的可支配性。这样持续了数十年，直至工艺的革新在实践中得以实现。大多数城市没有像中世纪的乡镇那样发展成为名副其实的市场和行业所在地，它们还是消费者城市，依靠周边地区的农业所得的食粮生存。在某些界限之内，公元前4世纪的雅典以及巴尔米拉这样的商业大都市有着非常特殊的情形；除此之外，大多数城市仍然是其周边地区的依存伙伴。古代社会中象征资本所具备的极高的交换价值，还有反货殖的经济伦理学，有助于古代城市不断嵌入到这种保守结构中。

图书在版编目（CIP）数据

古代经济史／［德］米夏埃尔·佐默尔著；汤习敏译.
—上海：上海三联书店，2020.9
ISBN 978-7-5426-7118-9

Ⅰ. ①古… Ⅱ. ①米… ②汤… Ⅲ. ①经济史—世界—
古代 Ⅳ. ① F119

中国版本图书馆 CIP 数据核字（2020）第 136311 号

古代经济史

著　　者／［德］米夏埃尔·佐默尔
译　　者／汤习敏
责任编辑／程　力
特约编辑／苏雪莹
装帧设计／鹏飞艺术
监　　制／姚　军
出版发行／上海三联书店
　　　　　（200030）中国上海市漕溪北路 331 号 A 座 6 楼
邮购电话／021-22895540
印　　刷／北京天恒嘉业印刷有限公司
版　　次／2020 年 9 月第 1 版
印　　次／2020 年 9 月第 1 次印刷
开　　本／787×1092　1/32
字　　数／72 千字
印　　张／5.25

ISBN 978-7-5426-7118-9/F·818

定　价：36.80元